国家の教育支配がすすむ

「ミスター文部省」に見えること

寺脇 研

国家の教育支配がすすむ

——〈ミスター文部省〉に見えること

装丁　柴田淳デザイン室

目次

まえがき

文部科学省を辞めて一一年が経つ。

定年まで勤めていれば七十代に入っているところだが、早々に退職勧告を受けたおかげで、また、役所の斡旋する再就職（その当時は適法だった）を断ったために、自由な立場になって一一年過ぎても、まだやっと前期高齢者の仲間入りをしたばかりだ。頭も身体もしっかり動く。

その間、映画や芝居、マンガの分野でいろいろな活動を楽しんできた。もともと、高校時代から映画評論を書いて映画評論家になり、役人時代も映画界の人々と付き合っていたし、演劇、マンガも愛好していたとはいえ、表現の自由がある文化の世界でのびのび活動する醍醐味を味わっている。映画『戦争と一人の女』（二〇一三）、『バット・オンリー・ラヴ』（二〇一六）、舞台『グレイッシュとモモ』（二〇〇八）、『ゴールデン街青春★酔歌』（二〇一五）のプロデュースで、実作にも携わった。

とはいえ、もちろん教育のことを忘れたわけではない。京都造形芸術大学をはじめ、東北芸術工科大学、星槎《せいさ》大学などいろんな大学で学生たちに授業するだけでなく、学校以外の学びの場として〇九年に「カタリバ大学」を作り、月一度のペースで開催してきた。こちらは、中学生から七十代までの幅広い学習者が多様なテーマを取り上げ議論する。政策を立案する役人から、学校教育、社会教育のプレイヤーに転じて「いつでも、どこでも、誰でも学べる」生涯学習社会作りに挑んでいるつもりだ。

一方で、元役人として教育政策の動向も気になる。退職と入れ替わりに第一次安倍政権が誕生、福田、麻生、民主党に政権交代して鳩山、管、野田とめまぐるしく首相が交代した後、第二次安倍政権が五年の長期に及んでいる。考えてみれば辞めてからの一一年間、半分以上が安倍政権なんですね。

この間、〇八年に橋下大阪府知事が誕生したこともあって、教育政策は大いに揺れている。やむにやまれず、わたしも民間の立場でさまざまな発言を行ってきた。その内容は、第一次安倍～麻生政権時代を「二〇五〇年に向けて生き抜く力」（二〇〇九 教育評論社）、主に民主党政権時代を『「学ぶ力」を取り戻す』（二〇一三　慶應義塾大学出版会）にまとめてある。

だが、第二次安倍政権になってからの動きは、もっと急だ。道徳の教科化、教科書問題、教育委員会制度改革、学習指導要領改定など戦後の教育制度を根本から変えるような大改革が、「政治主導」「官邸主導」の名の下に矢継ぎ早に出てきている。油断していると、この国の教育の在り方がどの方向へ行ってしまうか見当がつかなくなってしまう。

しかも、「政治主導」「官邸主導」が文部科学省のみならず霞ヶ関全体の官僚を萎縮させている。内閣人事局が創設され、官邸が幹部官僚全体の人事権を握った結果、その意向を窺うことに汲々とする空気が蔓延しているようだ。わたしが現役だった頃とはまったく違ってしまっている。「忖度《そんたく》」という言葉を一躍流行語にしてしまった森友学園問題では、自他共に認める「官庁の中の官庁」だったはずの財務省の官僚たちが国会答弁で「記録にない」を連発し、国民の前にぶざまな姿をさらさざるを得なかった。彼らの誇りはどこへ消えてしまったのだろうか。大蔵省、後には財務省と予算折衝などで何度も交渉し、その能力と公平公正さを尊敬していたわたしには、見るに忍びないものがある。

加計学園問題では、官邸とその意を体した内閣府の役人が「総理のご意向」を笠に議論を一方的に封じ込め、懸命に抵抗する文部官僚を蹂躙した経緯が明るみに出た。この有様は、単に教育行政が歪められたにとどまらず、日本の行政機構全体の危機だと言えよう。今こそ官僚が奮起しなければ、民主主義の基本である「司法、行政、立法」の三権分立のうち「行政」の一角が崩れてしまう。それは同時に、民主主義の崩壊なのだ。

この本では、教育の問題、官僚の在り方の問題について、わたしの眼に見えるものを率直に綴っていきたい。教育の未来、行政の未来を考えるきっかけになれば幸いである。

第1章　グローバル時代の必然、「ゆとり」教育と「生涯学習」

「学ぶ力」を信じる

みなさんはもう忘れてしまったのだろうか？　二〇〇二年四月から実施された学習指導要領による新しい教育システムの提案、のちに「ゆとり」教育と呼ばれることになるそれは、実はもともと社会が要請したものだった。世界のなかの日本の立ち位置の変化が、それを必要としたのだ。いまや生活や経済のすべての部面をつらぬく「グローバリズム」なるものは働き方も企業の収益の構造も変え、一部の人や業界にはチャンスをもたらしている一方、おおかたの人々を苦しめ、文化や習慣まで変わってしまおうとしている。

ここまでの激変を予想する人は多くなかったかもしれない。しかし、起こることの本質はわかる人には予めわかっていた。グローバル経済の下では人間の、われわれの身近で言えば日本で働く人の「価値」、言葉を換えれば「国際価格」が下がるだろうということだ。

日本の教育行政は比較的早い時点で、その事態に対応しようとはしていた。「ゆとり」教育は当時の産業界・実業界からの要請への回答でもあったのだ。「偏差値教育」で競争させてつくりあげた頭の固い「テスト秀才」ばかりでは、より複雑に展開していく世界的な状況変化に耐えられない。これからは発想の柔軟な人材が必要だ、だからこそ応用力であり、行くべき道そのものを創り出す力であり、それらが育つ土壌として、まずは詰め込み一方の教育を見直して、子どもたちに自ら考えるための「ゆとり」を与えてみようというのが最初の発想だった。

その根本には、子どもたちの「学ぼうとする力、意欲」への信頼がある。教育においては「信頼」こそが鍵なのだ。

もちろん「ゆとり」を活かすための各論、つまり具体的方法がそれに続いていかなければならないわけだが、発想の根本としては、まず何より「学ぼうとする力、意欲」だ。テストの問題に速く正確に答えるための鍛錬だけでは、答えが必ずしも決まっていない時代に対応できる「やわらかアタマ」はつくれない。これまでの日本のテスト問題では記述式の解答を求めることは少なく、解答法のほとんどは選択式か穴埋め式だった。これでは、ものごとはその前提をも含めて自分の頭で考えるべきものだという発想自体、育つはずもない。

かつて日本に子どもが多かった時代には、とにかく能率的・効率的に児童生徒に点数をつけ「行き先」別に「捌《さば》いて」いかなければならなかった面もたしかにあった。よく言われるように、学校教育の出口に当たる後期中等教育（高校レベル）や高等教育（大学レベル）の役割のひとつは、有り体《あ　てい》に言えば人の能力に序列をつけ、学歴の程度によってどのような職業に就きどのような生き方をしていくか、だいたいのところを振り分け、決めてしまっていくことだった。そのようにして近代以降の「成長の時代」の社会構造は造られていった。また、経済成長の時代にはひとりひとりの知見や能力、可能性は限られていてもよく、経済社会の「部品」として機能すればそれでもよかった。当時の文部官僚もそれを自覚して、意図的にそのための施策を行っていたに違いない。

一方、初等教育（小学校）、前期中等教育（中学校）に当たる義務教育の理念の中心はそこではないはずだ。まずは民主主義が自立していくための「市民」を、平等な機会の下に育てていくのが、本来、国としてやるべきことだった。当然、文部省もそう考えていただろう。だが実際の社会には学歴で「上」を目指せるかどうかがテストの成績で選別されていくのだ、という暗黙の文化があり、それに左右される現実があった。人口が増えていき成長する社会には「エリート」が必要だとされ、社会そのものが人材の「値段」の差を前提としていた。

小学校のひとつの学年にクラスが十近くもあるような「マス化」の時代。経済が好調ななかでより多くが「上」を目指した。その結果もともと伸びしろのあった日本の青少年たちの学力は向上し、生産力は周囲の国々を突き放し、製品輸出は増え続け、「一億総中流」と錯覚できるような「豊かさ」の平準化は確かに進行した。われわれは平等な社会に住んでいる、と思えるようになってきた。

結果としてそうした勢いのピークになった一九八〇年代。もっと行けるぞ、という楽観が日本の人の精神の基調にあったなか、大学までもが「マス化」していき、大学入試でも「選択式」「穴埋め式」「マークシート式」が大半だった。記述式の採点では採点者の「主観が入るから」という弁明が再三なされてきたが、高等教育の場であるはずの大学で、教授たちが自らの主観に基づく採点ができないとのたまうとは、思えばおそろしい事態である。

一般的な教育課程のとりあえず頂点にある大学の制度とその教員まで「正解はつねに一つ」という世界に安住しようとしているのだとしたら、もはや答えが一つではありえない現実のこの世界について識り、対応することのできる人材は育ちようがない。これが続けば社会的危機だ。

「民営化」の始まり

一九八四年、中曽根康弘政権下で設置された臨時教育審議会は初めてこの問題に取り組んだ。中曽根首相と言えば東西冷戦の深刻化のなか「日本をアメリカの不沈空母に」と発言したのを覚えておられる方もあるだろう。国鉄を分割・民営化してＪＲにした時の首相でもある。民営化の目的には、合理化の名を借りた組合潰しという側面もあった。官公労や国鉄労働者組合などの当時強力だった組合は左翼思想を標榜しており、世界の東西対立が日本国内では政府対組合運動、体制対反体制、右翼対左翼、与党自民党対野党社会党、という一見分かりやすい構図をとっていた。日本の戦後の社会・政治の枠組みを規定した「五五年体制」が、八〇年代にはまだ生きていたのである。

しかし組合がすべての「庶民」の味方かと言うとそうではなく、組織労働者の既得権を守るのがその活動の最大目的だったことは否めない。現在の「連合」と民進党のありさまを見ても「変わってないなあ」と思われる方は多いだろう。大きな組織の組合は正規職員の給与や福利厚生の水準を守るため、非正規労働者の苦境や、就職先の減少と非正規労働の拡大に苦しむ若者たちを見て見ぬふりをしていたと言われても仕方がない。いや、それは大学も、役所も同じだ。「非正規」に重い労働を負わせることによって正規教員や幹部の恵まれた待遇が成り立っている。

経済成長が続いていた時代には確かに「皆で豊かになろう」「人間らしく働き、暮らそう」「それはいつかできるはずだ」という志をもって組合活動をしていた人も多かった。社会学者見田宗介の言う、敗戦後の「『理想』の時代」と、それにつづく成長の中の「『夢』の時代」である。

しかしとくに一九九〇年代以降、既得権を得た人も、自身の経済状況そのものが不安定になると他人のことは後回しするのが当然のようになってくる。「貧すれば鈍する」というべきか、それが残念ながら世の習いでもあるのだろう。

国鉄の組合解体に際して、政府・経済界の言う合理化・能率化はすなわち安全軽視・労働強化だ、と組合側は呼号し、ストライキに訴えようとした。公務員扱いであった国鉄職員にそれが法律上許されないとなると、意図的に列車を遅らせる「順法闘争」なるサボタージュが展開され、通勤・通学の便も大いに乱れた。

「昔の労働者はそんなことまでしていたのか」と思ってしまうのが、現在の感覚かもしれない。だがどうだろう。いまの日本は、競争力強化のためとして合理化一辺倒である。会社利益に繋がる特殊な技能を持つ者以外の賃金は低下し、裁量権も与えられず、技能向上のための機会もやる気も奪われている。コスト・カットには人件費に手をつけるのが一番簡単で、正社員や職員と非正規が分断されるなか、それが可能な世の中になった。

そうしないと日本の産業、資本は生き残れないと考え、派遣労働の範囲を拡げ大量の非正規・低賃金労働者をつくりだしたのが小泉政権下の竹中平蔵氏らの考えた政策だ。が、人がそのようにモノ、いつでも交換可能な部品として扱われれば、向上心も倫理観も失っていく。いまわれわれはそれを目の当たりにしている。

もちろん、その真逆の効果を強調する考え方もある。民営化して競争原理を導入してこそ人は一生懸命働くのだ、という考え方だ。もし国鉄がその巨大な労働組合とともに国営のまま存続していたら、現在のように能率良く電車や列車は動いていただろうか。運賃はいまより高くならなかっただろうか。旅客への、接客という面でのサービスはじゅうぶんだっただろうか。かつては「国鉄マン」の誇りが語られ、それは人命の安全に関わる専門的技術・知識を維持し続けるための心の張りとして働いてもきたのだろうが、中には旅客サービス業にふさわしい意識のない鉄道員も見られた。身分が安定していることによる慢心も、あったかもしれない。郵便局も民営化して「JP」になってから、宅配便会社などとの競争の中で、サービスは良くなり、窓口の係員の愛想も良くなったではないか。

しかしまた、効率化が求められ現場の負担が増えるあまりなのか、事故やデータ改竄《かいざん》が続いたJR北海道のような危険な状況も近年起きてきた。路線バスや高速バスからも車掌がいなくなり、運転手が過労のあまり眠り込んだり運転中に発病したりしての事故も起きている。小さなバイクで走り回る郵便配達員もなんだか疲れて見えるし、誤配も多くなってきたような気がする……。

コストを下げるためには人件費を減らすのが一番簡単だと多くの経営者や幹部は考える。しかし、それでその事業に伴うリスクが高くなる場合もある。顧客に被害を与える事故に繋がる場合もあるし、短期的収益の追求が長期的な仕事の質を下げることもある。一般の人々にとってはモノやサービスが安いのは一時的には助かるが、その半面では同じその人々がいくらかは余裕を持って楽しみながらいきいきと働ける場がどんどん減っている。雇用や収入が安定しない人が増えれば、もちろんモノもサービスも売れなくなる。残るのは、一部の富裕層の贅沢な消費のための商売と、ぎりぎりの暮らしの人々を相手にした激安価格店ばかりの光景だ。中ぐらいの豊かさというものが、なくなっていく。

「グローバル競争」に立ち向かおうとして

一九八〇年代とはグローバル化が人々の目に見える形で本格化しはじめた時代だった。世界の経済や文化の環境変化にどう対応していくか。それは国民全体がいずれ引き受けなければならない問題だった。

臨時教育審議会が設置されてから三年後、一九八七年に出した答申は、教育の分野におけるひとつの答えだった。最終答申では「個性尊重、生涯学習、変化への対応」がうたわれている。ことに強調されたのは生涯学習であり、「生涯学習社会の実現」が今後の最大の課題とされた。

あれから今日に至る状況を見ていると、臨教審の予測はかなり当たっていたと言えるだろう。会社員であっても、一生同じ会社にいて同じ種類の仕事をしているというのは、いまや一般的な前提にはならない。一生学習し続けて、変化に対応し、それぞれの能力をさらに発見して開花させていく――個人も社会もそうしていかなければ「生き残れない」。生涯学習とは、なにも高齢者がさかんに習い事をするという話ばかりではなかったのだ。この本を読まれるあなたがたとえ何歳であっても、引き続き学習を続けていく必要がある。世界も社会も、やるべきことも変化し続けていくのだから。

できることを拡げていくための学びの前提として、自ら考える力が必要になる。目の前にあるのは、答えの決まっている問いではない。この先の道がどうなっているか、誰かが教えてくれるというわけではない。どう生きていくかは自分で考えなくてはならない。

それが「生きる力」というべきものなのだ。道を切り開くさまざまな、自分の、自由な思考のための「ゆとり」であり「総合的な学習の時間」だったはずなのだ。

当時から、「知識重視（詰め込み型）から経験重視へ」ということが言われていた。考えてみれば当然だ。知識の習得速度と量ばかりを問うテストにうまく答えられるような人間は世界中にいくらでもいて、さらに増え、そして言語と国境の壁は低くなるのだから。そこで競争してもまず「勝ち目」はない。だから「ゆとり」教育は実は、日本の人材の「国際競争力」の維持のためでもあったのだ。

臨教審答申を受けて、一九八九年には学習指導要領が全面的に改定された。一九九二年から一九九四年にかけて、小・中・高校の順番で「新学力観」に基づいた時間割が実施されていくことになる。学習内容・授業時間ともに削減され、小学校一、二年では「社会」「理科」の教科が廃止されて「生活」に変わる。社会や理科の知識をただ知識としてばらばらと与えるのではなく、暮らしのなかから発見される興味関心からつないでいく方が、とくに低学年の子どもには身についていくだろう、という狙いであり、いま思えばあたりまえの理由だ。当時は「社会」「理科」廃止反対論もあったが、現在は完全に定着している。

そして九二年の九月からは第二土曜日が月一回の土曜休業日となり、九五年四月からは第四土曜日も加え、月二回となる。

一九九六年の文部省中央教育審議会答申もこの流れを追認し、学習指導要領が再び改定された。「ゆとり」重視がさらにはっきりする。二〇〇二年度からは小中学校、翌年度からは高校で新時間割が施行され「学校週五日制」の時代となった。この間に「教科書に書いてある」学習内容、および授業時間数はおよそ三割削減された。

「ゆとり」はマスコミ語

「ゆとり」という言葉に「」をつけているのには理由がある。「ゆとり」教育というのはマスコミが命名したものなのだ。なんでもキャッチーに短くまとめようとするマスコミ語は、ときにものごとの本質を突くこともある一方、言葉に惑わされてそこで思考が止まると、正しい理解を妨げる。これまでもいろいろなところでずっと言ってきたが、その後の「ゆとり」教育への誤解や表面的な理解は、結局マスコミが主導してしまっている。よく調べないし、考えない。その後の変化を追わず、読者をミスリードする。大問題だ。

行政側としてはあくまで「知識重視から経験重視へ」という〈質〉の転換こそが本筋で、解答の決まっていない問題への、幅広い意味での〈経験〉とつなげた対応能力を拡げようという意図だった。そのためには詰め込みを控えて、学習者が自分で考えるための時間を大切にしなければならない。また指導する側も、学ぶ者が問いを自分のものとしてしっかりと掴むのを待ち、そしてその問いへの答えを追求していけるよう導いていかなければならない。

学校週五日制などは、そこだけを見ると「休み」「ひま」「やることが決められていない時間」をつくったようにも見える。だがそれは、繰り返すが、手段であって目的ではない。いま反省してみれば行政側も、この新しい学習コンセプトを「ひとこと」で表すことを試みるべきだったのかもしれない。「個性尊重、生涯学習、変化への対応」「知識重視から経験重視へ」では「ひとこと」ではないので覚えてもらえず、結果的に浸透しなかったのか。メディアは良くも悪くも、ものごとをさも簡単そうにまとめる。つまり「ゆとり」でしょ？と。

前述のように、二〇〇二年度から小中学校ではまったく新しくなった時間割が施行されたが「自分たちの問題を問う授業」である「総合的な学習の時間」はそれ以前、二〇〇〇年度からすでに段階的に試行されていた。

教える側、授業を設定する側の力量がこれほど問われる場もそうそうないだろう。正解の決まっていないテーマを、自分たちで用意した資料などを使って追求していくプログラムを、創意工夫してつくらなければならないのだから。

「ゆとり」教育はすべて成功しているわけではないが、部分部分では成功している、と私はよく言う。「ゆとり」教育と呼ばれた一連の変化の中で「総合的な学習の時間」はもっとも成功した分野だと思う。「総合的な学習の時間」を小学校段階からずっと経験してきた子どもたちが、二〇一二年ごろから大学に入ってきはじめた。昔ながらの大教室での一方的な講義も残ってはいるものの、最近の大学はワークショップ的授業、フィールドワーク授業などが増えてきている。高校まで受験のための知識重視一辺倒で来た学生は、そんな授業に戸惑う。ところが「総合的な学習の時間」経験世代は、こうしたアクティブな授業にすんなり溶け込み、問題追求型の学びに挑んでいくのである。まさに、正解の決まっていない問題への挑戦だ。

「第一回生涯学習フェスティバル」

ここで、「ゆとり」教育へ向けての変化の時代に、一文部官僚としてどう関わったか、私の視点で振り返ってみよう。

一九八九年一一月「第一回生涯学習フェスティバル」が千葉県の幕張メッセで開催された。当時私はまだ三〇代後半で、前年新設された生涯学習局（現在は生涯学習政策局）生涯学習振興課課長補佐という立場にあった。省庁において課長補佐という職位は、課長ほどではないにしろ、現場でかなりの決定権をもって働けるポジションだ。

生涯学習という言葉がまだほとんど浸透していない状況だったから、まずその考え方に興味を持ってもらう必要があった。景気が良くて賑やかな時代でもあったし、それにはイベントが有効だろうと文部省（当時）は考えたのである。

具体的には、戦後の一九四六年からずっと続いている国民体育大会（国体。これも文部省所管）、少し前の一九八六年から始まっていた国民文化祭のような仕組みを基本にしている。その生涯学習版を年一回、都道府県持ち回りでやっていこうというのだ。

気宇壮大《きうそうだい》とも言える企図ではあったが、第一回の予算は三億円。大手広告代理店に打診しても「そんな（少ない）予算じゃとても無理」と言われるような規模だった。うち一億五〇〇〇万円は幕張メッセを借りる会場費。残りのうち五〇〇〇万円を管理関係費とし、一億円を宣伝費とした。しかし……それでは肝心の事業費がない。

そこでわれわれは、役所だからこそできるやり方で、と考えた。生涯学習のイメージキャラクター「マナビィ」は現在に至るまで生涯学習振興の場で人々に親しまれ、文科省生涯学習政策局編集の月刊誌『マナビィ』（現在はメールマガジン）の誌名にもなっている。触覚が三本ある蜂の姿なのだが、これは「学」の文字の上部に角が三本あるところから来ている。描いていただいたのは当時から漫画界の大御所だった石ノ森章太郎さん。広告会社を通じて依頼していたら、どんな巨額のキャラクターデザイン料になったかわからない。しかし文部省のやることだからと、わずか三〇万円のお礼で引き受けていただいた。今でも感謝している。

広い幕張メッセを淋しくない数の来場者で満たすためには、一日二万人、五日間のフェスティバル期間中に一〇万人は訪れてもらいたい。思えば素人の怖いもの知らずなのだが、それくらいでないと国のやるイベントとして意味がないと考えた。そこで、チラシを一〇〇万枚程度刷ることにした。チラシの印刷自体には枚数が多くても大きなケタのお金はかからない。しかしそれを配るのに大変な経費がかかるのです、とイベント会社の担当者からは言われた。

だが、こちらはお役所、しかも教育を担当する部署である。刷ったチラシを千葉市内と県内近隣の学校に配って、児童生徒に家へ持ち帰ってもらえば配布費用はかからない。「公認」イベントだからこそ堂々とできることもあるわけで、学校自体が持つネットワーク機能を使わない手はない。会場整理要員もアルバイトを相場の日当（一万円と言われた）で雇うという考えはやめ、ボランティアを募って費用を抑えた。

そもそも、イベント内容、いまで言うコンテンツそのものにもお金をかけていない。日本将棋連盟、落語協会、落語芸術協会、全日本ピアノ指導者協会等、生涯学習に関係しうるありとあらゆる団体に、「会場は用意します。宣伝もしっかりやりますから」と出展してもらった。

それら団体の多くは文部省が認可をした社団法人。社団法人は公益に資すると判断されて税制面等で優遇を受けている。生涯学習振興のようなまさに公益目的の活動に、手弁当で参加していただくのは不自然なことではない。

予算に頼らずに仕事をするという発想が、役所にも必要になってきた時期でもあった。戦後の高度成長期以来、国の経済規模も予算もどんどん膨らんでいく時代が長く続いて、そういう時代にはなるべく多くの予算を「分捕って」きて仕事も権限も拡大するというのが中央官庁の官僚の行動スタイルだった。だが成長の果てに国債という形の国の「借金」がかさみ財政健全化が深刻な課題になってくると、予算にシーリング（概算要求基準）という上限がつけられる時代となった。自分が大いに仕事をしたいと思っても、潤沢な予算をあてにするわけにはいかない。行政官としていい仕事をしようと思ったら、予算を増やさずとも効果を挙げる方法を考えなければならなくなってきたのだ。

カラオケに文部省が「お墨付き」

一〇万人来場見込みという目標を、もっと低めにしておいたらどうなのかといろいろな人に忠告していただいた。達成できなかったら大失態、文部省のやることはやっぱりしょぼいと、格好悪いことになる。しかし私はその数字を降ろさなかった。もちろん出処進退を含めて責任を取る覚悟はしていた。その時にやるべきだと自分でも思ったことを、裁量権を与えられてやらせてもらうのだから、結果を問われて当然だ。

そして蓋を開いてみると、幕張メッセでの生涯学習フェスティバルには、約二五万人の方々が来場してくれた。

時代が変化するとき、その方向を正しく知らせることができれば、いろいろな力が助けてくれる。将棋や落語やピアノは生涯学習の機会としてすでに認知されていたが、それ以外にも旅行、グルメなど、それまで娯楽扱いで学習とは認識されていなかったものにも楽しみながら学ぶ側面があることをアピールする機会にもなり、ＪＲ東日本をはじめ関係企業が積極的に参加してくれたのである。

こうしたところに声をかけ新規開拓していくためには、最新の社会情勢の実際を見るようにしないと活路は開けない。前年の八八年、わたしはその年始まった中央官庁公務員の民間企業研修に志願し、日本一の老舗百貨店日本橋三越を希望して一ヶ月働かせてもらった。時代はバブル。旅行もグルメも多種多様なものを幅広い国民が楽しみ、新しい知識や経験を得るものになってきたことを、サービス業の現場で実感することができたのは大きい。

また、六年前の一九八三年には、近くに東京ディズニーランド（現：東京ディズニーリゾート）も開園していた。いまでは信じられないかもしれないが、修学旅行先にディズニーランドを選ぶのはけしからん、教育的によくない、という議論が当時はまだかなり根強かった。ディズニーランド側としては、単なる娯楽施設ではなく学習の場でもあるのだ、とアピールしたい。その結果生涯学習フェスティバル開会式では、ミッキーマウスとミニーマウスのノーギャラ出演が実現した。

カラオケもそうだ。今でこそ日本発の世界的カルチャーとなり、子どもから老人まで、家族の娯楽としても楽しまれている。しかしその普及が当初は夜の酒場から始まったということもあり、どこかに健全な娯楽ではないというイメージがつきまとっていた。

当時、一九八〇年代の終わり頃までは日本のカラオケ産業の市場、機器販売先は圧倒的に酒場など風俗業界だった。だが幕張メッセでの生涯学習フェスティバルを計画しているころ、その地元の千葉県ではどうもそうでもないらしいという情報を耳にした。実際にいろいろなところを見に行って確かめたが、千葉県の、特に近郊農村地帯では自宅にカラオケ装置を持っているケースが増えていたのだ。家庭用カラオケの普及率が全国一とのデータもあった。

千葉県には昔からの農村地帯が広がっており、地方部では大きな家に二世代、三世代家族で住んでいる人たちがまだ多くいた。そういう家庭では、仕事のあとや休日に家族で歌ったり親戚の寄り合いで歌ったりするという。カラオケという新しい娯楽の非常に健全な使われ方であり、異年齢の人々が集まるときの、みんなで共有できる大きな楽しみになっている。そこではカラオケは必ずしも酔っ払って歌うものではなかった。それを知って、これはやり方によっては全国的に広がるだろうと思った。

そんな千葉県での開催だったこともあって、生涯学習フェスティバルにもカラオケ教室に出展してもらうことにしたのだった。「なぜカラオケなどを」との批判も当時ではもちろん出た。私だってパチンコまでを家族みんなに開放しろとは思わないし、ゲームセンターは子どもの時間の過ごし場所として良いとは思わなかったので、生涯学習フェスティバルと結びつけようとは考えない。しかしカラオケなら、「千葉ではこんな使われ方をしている」「千葉での開催ですし」とまずは説明すればよい。実際、それから数年のうちに、家族やご近所つながりなどでカラオケを楽しむ光景は全国的に広がっていった。

こうした生涯学習フェスティバルでの実績は、その三年後、子どもたちのためにも生かされていくことになる。

当初、まずは大人に生涯学習を普及するところから始まった生涯学習政策は、九二年から始まった学校週五日制という新しい事態にも応用されたのだ。学校の週五日制が全面的にスタートしたのは二〇〇二年だったときに述べたが、月一回の週五日制試行はその一〇年前の一九九二年から始まった。そうすると学校に行く日、悪く言えば「拘束される」日が一日減る分、子どもたちはなにをしていればいいのか？という話になる。暇をもてあまして非行に走るのでは？という心配まで出てくる。だが学校週五日制を実行するに当たって予算は何もついていない。登校日を増やすのならば教員の人件費等、費用の増加が考慮されざるを得ないが、これは減らす話なのでお金はつかないのである。

子どもたちにも教員にも社会にとっても、時間の過ごし方に大きな変更が起こるわけで、文部省としてはなんらかのキャンペーンを行い、発信しないわけには行かない。予算はまったくないなので、民間の力と合わせて発信を行うほかはないと考えた。

このときは、生涯学習フェスティバルに参加してくれた分野からさらに広がり、各種スポーツ団体、そして農林水産省が農業、林業、水産業の活動を、環境庁（現・環境省）が環境保護活動を、などいくつかの省庁も子どもたちの活動の場を設営してくれた。スタートの日である九二年九月一二日には、全国各地でそうしたイベントなどの機会が用意され、ボウリング場のような有料施設では家族で来場の場合、無料サービスを行ったほどだ。

カラオケ業界も、この新たなニーズへの動きに積極的に参加してくれた。学校週五日制のスタートと「カラオケは家族でやるもの」というイメージキャンペーンとを連動させたのである。一方には、増えた休日の中で家族やコミュニティーに根づいた娯楽と世代間交流の場をどこに求めるかという課題。一方には娯楽としてのカラオケにもっと市民権を持たせたいという望み。そこを連動させてとらえれば、動きをつくる力は出てくる。

業界を所管する通商産業省（現・経済産業省）サービス産業課長も大いに賛同してくれた。カラオケに関係する事業者の会合に文部省のわたしを特別に招いてくれ、共にキャンペーンの計画を打ち上げた。行政がその時々に特定の業界と一緒に仕事をするということ自体を問題視する向きもあるかもしれないが、これは私益とはまったく関係のないもの。文部省には学校週五日制を社会にうまく着地させたいという目的があり、カラオケを健全な娯楽としても位置づけたい業者との一致点が生まれたということだ。

一九九一年に発足したばかりだった「社団法人日本カラオケスタジオ協会」（現・一般社団法人日本カラオケボックス協会連合会）は九月第二土曜日を「ファミリーカラオケの日」として、家族でのカラオケは無料、という全国的キャンペーンを行い、これを文部省は後援した。「ファミリーカラオケの日」はその後も数年間にわたって続くこととなる。

余談だが、「カラオケも生涯学習」とさかんに主張したために、当時わたしはよほどのカラオケ好きだと思われてしまった。実はカラオケ嫌い。人が歌うのを聴くのは多少我慢できるが、自分から進んで歌うことはまったくない。でも、生涯学習は、人によって違うものであっていいのだ。だから、わたしはカラオケが苦手でも、他の方々がカラオケを楽しむのはいくらでも応援したい。

このように、生涯学習行政の醍醐味《だいごみ》は公的予算を使わなくても事業を展開できることであり、思えば、それがまさにポスト近代の行政のあり方でもあったのだ。役人にとっての各部局の仕事の位置づけにも、そういう変化は反映してくる。かつては、予算も権限も大きい初等中等教育局や高等教育局に行くのが文部官僚にとってのエリートコースだった。しかしこの頃からひそかに「生涯学習局こそが文部省の政策をリードする」という意識・気運がわれわれ初期の生涯学習行政に携わった者の間に生まれた。それにはあながち根拠がないでもない。前節で紹介した臨時教育審議会の最終答申がひとつの柱にした「生涯学習」こそ、日本の未来を考えていくための鍵となる概念だとわたしは思っていた。

ひとりひとりが答えを探すほかない時代

こうして、生涯学習の考え方が徐々に普及し、「ゆとり」教育に向かう方向が求められ始めたころの、社会の状況をあらためて振り返ってみよう。一九九二年の通常国会の争点としてはPKO協力法があった。法は成立しその年の九月から自衛隊のカンボジアへの派遣が行われ、その過程で翌九三年には日本の文民警察官と国連ボランティアが殺害される事件が起こった。そして一九九〇年代も後半になると、バブル崩壊後に「失われた一〇年」と呼ばれることになる不況の中での、金融不安対策としての銀行等への公的資金投入問題があった。経済成長を前提とした拡大型均衡による社会の安定感は失われていき、日本国民がそれまでの生き方を変えなければすまされないことが否応なく明らかになっていた。一方、そのずっと以前、一九八九年にはベルリンの壁が崩壊して東西冷戦が大局的には終了していたのだから、冷戦構造の写し絵としての国内の対立構造、そしてその対立構造を基底に置いて社会の問題を捉えようという考え方も、有効性を失っていった。

それまでは、なにもかもが「五五年体制」だったのである。一九五五年の保守合同によってできあがった「保守対革新」、すなわち自民党対社会党の対立構造であらゆる問題が展開され、答えもその対立の果てにある、という思考で学問も政治も文化も固まっていた。実際に起こっていることの本質を考えるのではなく、とりあえずの「敵」をつくって問題を相手のせいにしていれば済んでいた、と言っても過言ではない。しかしもはや、そんな教条的な問題設定では、何も解けなくなってきた。体制対反体制の「ゲーム」が終わって、「国際化」次いで「グローバル化」する世界の中で、日本国民は気がついてみればそれまでとは異なる、生き方についての、また社会のつくりかたについての解答を求められていた。

そのなかで模索された「ゆとり」教育は、まさに五五年体制の崩壊の結果への解答だった。

一九九二年の時点ではっきりしていたのは、究極的には学習内容を生徒一人一人に合わせるべきだ、という考え方だった。いま聞くと当然すぎることにも感じられるけれど。

人が生き、社会が存立していくにあたって避けられず出てくる問題の根源的な解決を、「みんなで成長して発展すればなんとかなる」と先送りしていられたのが、それまでの「戦後」であり日本の「近代」の一面だった。近代化に成功して繁栄したために、そんな時代が日本ではけっこう長く続いた。だがいよいよ日本の経済や社会、文化においても「近代」が終わることが明らかになってきた。「ポストモダン」は初め思想的遊戯のように語られたが、バブルが崩壊してそれどころではなくなり、われわれは失われた一〇年、次いで「失われた二〇年」と呼ばれることになる停滞期、八方塞がりに思える状況に入っていく。そして「この先の世界はどうなるか分からない」というのが、あたりまえになった。

そこで初めて、その人ひとりひとりにとっての学び、という普遍的で本質的な考え方の大切さが明らかになってきた。それこそが「ゆとり」教育、さらにはそれに先立つ生涯学習の根源にある発想なのだ。

ひとりひとりにとっての学びという発想は、実は日本にも以前にはあったとわたしは思っている。それは江戸時代、つまり近世社会でのことだ。江戸時代の寺子屋の教育というのは、その成り立ちからしてひとりひとりに合わせたものだった。町人の子をはじめとして、しかし階層的にはかなり幅のある子どもたちが集まり、異年齢集団もその中に含んでおそらくはごちゃごちゃしていた。だがそこでは、年長の子どもから年少の子どもへの教えも含めて、ひとりひとりが生きていくための知恵と知識が伝達されていたはずだ。だからこそ、そこで教えられていた教養や道徳には、当時の社会を存続させるための一貫した体系があった。

それは身分社会を存続させるための前近代的な教養や道徳でしかなかったと一蹴《いっしゅう》する向きもあるかもしれない。しかし現在の教育の実態を見れば、社会的階層差によって必要とされる知識は細分化されてしまい、社会全体について学ぼうという動機は薄れてしまっている。明示的な身分制度こそないものの、社会はすでに深刻な分断状態に陥っている。

江戸時代には職業選択の自由の幅が極めて狭かった。だから学問は必ずしも立身出世にはつながらなかったとも言えるし、社会の変革への契機にも直接にはならなかったかもしれない。それでも寺子屋教育は、いわば個別カリキュラムでやっていたからこそ「人」に人生を生きさせる力を持っていたのではないかと思う。その子どもがその時代の人としてどう生きていくか、まわりと折り合いながらどう自分を活かしていくか、学び考えさせるところがあったのだろう。学び考え、自分の特性を知り希望をもち、社会全体を想えば、自分として生きる意味にも思い至ってくる。

寺子屋の教育が個別指導的だったことについてはいろいろな史料がある。「師匠」がいて、おのおのが「手習い（自習）」をするのを、先に師匠からの知識をいくらか身につけた先輩格が手伝い、教え合っていた。幕末の松下村塾《しょうかそんじゅく》でも、一人一人に対応する学びが行われていたことはよく語り伝えられている。西郷隆盛や大久保利通が受けた薩摩の「郷中《ごじゅう》教育」も、学ぶ者それぞれの個性、気質、言ってみれば「その人の良さ」を活かしていたといわれている。思えばそうした教育の仕組みの中から、世界の変化を生きのび次の時代を迎える、つまり明治維新を準備する人材たちも育っていったのだ。

その後、富国強兵・殖産興業が謳われ大国となっていく日本では、能率・効率と量や速度が重視され、近代国家となり近代戦・総力戦を遂行するに当たっては、特別なエリート以外はみんなを揃えて同じことを競わせ、規格品の生産のように教育していくことが行われた。「体育」も「兵」となりうる統制された身体とその作法」をつくる場だった面もある。そしてそのように「生産」された人材はまた消耗品のごとく使われた。それはその時代にはある意味必然だったのかもしれない。そこを通ってこなかったらいまのわれわれの豊かな社会もなかったのかもしれない。

しかしその議論はひとまず措《お》くとして、いまやどう見ても「近代のタガ」は外れた。だからいまは、近代以前のやり方も時には参照しながらも、基本的にはまっさらな頭で、変化の時代への対応を探っていくしかないのだと思う。なにしろ、未来とはつねに、何も決まっていない世界のことなのだから。その時に大人は子どもたちに、どんな学びの仕組みを保証すべきか。そのとてつもなく大きな問いを、わたしも考え続け、そのために働いてきたつもりだ。

長生きしてやることがなくなった人たちをどうするか

さきほど「生涯学習局こそが文部省の政策をリードする」という意識が出てきた、と書いた。もちろんどこが一番本質的なことをしている部局だという位置づけが正式にあるわけはなく、省内の意識、雰囲気の問題でしかないといえばそうだ。だが、文部省の中がそういう空気になってくると、文部省の動きを見ている各自治体の教育関係者にとってもその影響は大きい。いろいろな場面で「これからは生涯学習の時代なんだ」という機運が広がる。そのように、時代のニーズはそれぞれの場所であらためて「発見」される。そして生涯学習振興基本計画といったものを自治体がどんどん作るようになっていった。

そもそも、これは国民に反対されようのない話なのだ。たとえば生涯学習の拠点のひとつとして、自治体の図書館を日曜・祭日や夜間にも開館しようという話になったとする。これは行政サービスが良くなるということなのだから、住民にもちろん文句はない。職員の勤務割りなどで行政側が工夫すればいいだけのことだ。新たなハコモノを造って、大きな予算がかかるという話でもない。もちろん法律改正も必要ない。

文部省生涯学習局としても積極的に音頭をとり、一九八八年ごろから多くの公共図書館で休日や夜間の開館が実現し、やがてそれがあたりまえになっていった。図書館ばかりではなくいわゆる公民館なども、以前は夕方五時になると職員が鍵を閉めていた。こちらも、そもそも公民館は地域のためのものなのだからと鍵を地域の人たちに渡して、夕方以降の地元の人たちの自主的な活動の場にしてもいい、という形になってきた。

地域の生活のなかで住民の自分たちこそが主体であり、主権者なのだという意識が、そうしたちょっとした変化からもじわじわ広がっていくことをわたしは期待していた。世の中に必要なことを整理して法なら法の形にしていくことだけが、官僚の仕事ではない。裁量権の範囲内で、「こうなっていった方がいい」と自分の判断する方向への変化を、積極的に助長することも任務なのだ。

生涯学習局のやっていたことは、基本的には「統制をやめる」ということだった。役所は従来、強力な指導と予算配分で自治体の方針を手取り足取り統制していくというやり方をしていたのだが、臨時教育審議会答申から読み取れるのは、近代型教育統制はもはや有効ではない、生涯学習局が率先して統制をやめる方向性で進めなさいという方向性だった。

学校、職場、家庭以外の、人が集まる第四の領域を、「公共領域」と呼ぶことができる。公共領域には、指示や統制は似合わない。それが民主主義の根本にある志であり、原理であるはずだ。

この生涯学習も、当初は暇なお年寄りが老人大学といった企画に行ったり、ゲートボールや趣味の習い事をすること、くらいに認識されていた。入り口はそれでいいとわたしは考えた。そういう話は世論の反対も受けない。参加するしないはその人の自由なのだし、当時はまだ自治体予算も現在ほど逼迫《ひっぱく》してはいなかった。老人が何をして日々を過ごすか、地域の人々との交流が維持されるようにどう居場所と仕掛けを設定していくかというのは、この時代すでに、誰が見ても取り組む必要のあることだった。

それ以前の時代には、六〇歳の定年まで働いたとして、男性の平均年齢は一九七〇年代にやっと七〇歳を超えたくらいであり、定年後の人生は一〇年ほどだった。寿命がどんどん延びていくまで、七〇代、八〇代の人たちの暮らしの楽しみ方をどうするかなどという問題意識はほとんどなかった。

それが実際に高齢化社会になってくると、問題はすぐに噴出した。そのころ流行った言葉に「濡れ落ち葉」というものがある。多くの勤め人男性は趣味もなく家事を覚える気もなく働き続けてきたために、定年後、家にいてもやることがない。自分が何をしたいのかさえもわからない。なにもかもを妻に頼ろうとする。家での生活力は子どもと同じまたは子ども以下なのだが、子どもと違ってかわいらしくないので妻としてはうっとうしい。そういう状態を、庭ぼうきで掃いてもべたべたまとわりついてくる濡れ落ち葉に例えたのだ。あまりにリアルで、笑えない冗談だった。「粗大ゴミ」という言い方もされた。仕事に行っているときはいなかった夫が一日中家にいるものだから、狭い家がますます狭く感じて仕方がない。かといって捨てるのも大変なのは粗大ゴミと同じだと。

評論家の樋口恵子さんの造語である「濡れ落ち葉」は、一九八九年の流行語大賞に入った。「粗大ゴミ」はそれ以前、八〇年代初頭から使われていた言葉だが、評論家の上野千鶴子氏は「粗大ゴミ」ではなく「産業廃棄物」だと追い打ちをかけた。ひどいようだが、これは卓抜な批評にもなっている。仕事、すなわち産業のことだけを考えて生き、そこで力を搾《しぼ》り取られ終わった人間は、暮らしの場では「廃棄物」になるしかないということである。

二〇世紀の終わり、日本はすでにそういう状況になっていたのだ。そして二〇〇〇年代後半になると、いわゆる団塊の世代が大量に定年退職する時代が来た。いまや六〇代ではまだまだ元気な人が多いので継続雇用もあるし、大企業にいた人などはしっかり退職金をもらって優雅に遊んでいるが、彼ら彼女らもこれからさらに年老いていくことを考えると、年金などの社会保障制度もこのままで維持できるとはとても思えない。

日本企業の業績悪化、必要とされる人材の変化の中でも退職金を満額もらって「逃げ切った」ともいわれるのが団塊の世代の大企業のサラリーマンだが、それより後の世代ではもうそれは期待できない。現在、壮年や中年の人で、老後に社会的給付を充分受けられるような働き方をできている人は減っている。中高年非正規労働が増えているのは明白で、若者の就業の状況も厳しい。日本の働き手の「生産性」は先進国の中でも低下しており、いまの経済路線で何か大逆転があるとはとても思えない。これから順番に老人になっていく人たちは、このままでは老後のお金の余裕がなくなるとはっきりしている。いまや「老後破産」なる言葉が週刊誌などの見出しに踊るようになっている。

生涯学習が言われはじめたころには、老人の貧困化という問題はまだ前面には出ていなかった。比較的多くの人々が経済的に恵まれていて、体もまだまだ元気なのにやることがない、という話だった。思い出すのが、老人の間でゲートボールが爆発的に広がったことだ。自治体もゲートボール場の整備を盛んに行った。現在の貧困化する老人問題に較べれば暢気《のんき》な話のようだが、生き甲斐をみつけられない老人への対策は市町村レベルの目で見れば深刻だった。何しろ、実働年齢が終わったあと、こんなに大勢が長生きしてしまうという事態は日本の歴史上初めてのことだったから、それを受け止めうる文化的前提もなかった。

文部省としてはまず、だからこそ生涯学習なのだ、生き甲斐の見つからない老人の問題を生涯学習という考え方で解決できるのだと、わたしも全国を回って説いていった。八七年八月に臨教審答申が出てから先述の「生涯学習フェスティバル」（一九八九年）までの二年間には、地方に行ってお年寄りに集まっていただいては「これから生き甲斐を考えていかないと、あと何十年の長い余生、何もすることがなくなっちゃいますよ」という話を提起していた。

そうした中でゲートボールも大盛況になったわけだが、当時からこんな話も聞こえてきた。じいちゃん、ばあちゃん、おばちゃんたちが冗談を言い合って大笑いしながら楽しそうにゲートボールに興じているのだが、なまじインテリの端くれで、たとえば元新聞記者だったとか大学教授だったとかいう主に男の人が、ゲートボールなんかばかばかしい、と思って近所の老人のみんなの輪の中に入れない。それで家に引きこもって不機嫌にしているという。まさに「濡れ落ち葉」であり「粗大ゴミ」。自分は普通の人と違うんだ、エリートなんだという心の構えで生きていた人は、地域で「普通の人」になり、そこでそれなりに役だっていくことになじめないのだ。

職業の世界の尺度でしか自分を評価できない人たち。わたしも目撃したが、当時はたとえば東京の丸の内に行くと、老境にさしかかった人たちが昼間から喫茶店にいっぱいいた。どういうわけかと思っていたが、定年退職した人が、出勤先がなくなって日中をどう過ごしていいかわからず、朝に家を出て会社の近くまで来て、喫茶店にずっといるというのだった。

会社の肩書きがなくなると、自分というものをどうしていいかぜんぜんわからない人たちが多く、それが社会問題になっていた。会社の方もまだ余裕があった時代で優しく、顧問だとか参与だとかいう名ばかりの肩書きを与えたりもしたが、それにも自ずと限りがあった。

役所でもそれは同じだった。はるか昔のOBが用もないのに庁舎に来たりする。現役のわたしたちからするとあまり粗略《そりゃく》にもできない。「最近どうかね?」などと言われても、こちらも忙しいのにと大変困ったものだった。もう、先輩たちの時とは仕事の内容も世の中も変わっている。

学校は、統制を緩められることに慣れていなかった

そんな状況に生涯学習という理念をぶつけていったわけだが、文部省生涯学習局の年間予算は当時一〇〇億円程度で、初等中等教育局などとはケタが(少ない方に)違う。初等中等教育につ

いては、地方まで含めれば兆円単位の予算がかかわっている。「予算配分こそ力なり」という従来の行政の考え方からすれば、予算が少ないところでは統制的な行政ができない。前述のようにかつては初等中等教育局こそが文部省の中心部署で、多大な予算と強力な命令で全国の学校を統制してきた。しかし生涯学習局の場合、同じようなやり方はできない。

逆に教育現場への中央統制を緩めていく中でこそ、これからの世の中を変えていくための本丸、学校段階における生涯学習の活路は開けるのだとわれわれは考えた。しかし、長く統制されてきた結果なのか、学校側も考え方が凝り固まっていた。文部省が、学校でもこれからはキャリア教育もやってほしい、あるいは食育をやりましょうと申し入れるようになっても、必修の学習時間がすべてびっしり組み上がっており、新しく必要になってきた考え方を時間割に入れて活かしていく余地がなかったりした。

キャリア教育や租税教育、環境教育はいまでこそ普通のことになったが、それが学校に入ってくるようになったのは、一九九二年の指導要領改訂で文部省が学校統制を緩めたことが大きく与《あずか》っている。いまや株の売買まで授業の材料にしている学校もあるけれど、かつては民間の発想や人材を受け入れないのはもちろん、文部省以外の官庁が推進するような考え（投資の授業は当時の通産省や大蔵省、今で言えば経産省や財務省が喜ぶということになる）は追い払うかのごとくしていた。「教育」「教養」の、「教育者」による聖域化があった。

生涯学習の出発点においては、述べたように、カラオケなど民間から出てきた、営利であり、当時はいかがわしいイメージさえあったものを敢えてきっかけにすることを、生涯学習行政を担当するわれわれは厭わなかった。

図書館の休日開館、老人大学、ゲートボール、カラオケ、とキャンペーンを重ねて、各自治体が生涯学習をテーマとして掲げてやっていかなければ、という機運までは一気に広がった。高齢者予備軍である四〇代、五〇代の大人にも、そのメッセージは肯定的に受けとめられていく。

しかし問題はその後に来た。生きることの豊かさを追求する、新しい時代を迎える発想が学校に持ち込まれ「ゆとり」教育といわれるようになったとたんに大騒動になったのだ。

人がそれぞれの人生をどう豊かに生きるかを長い尺度で考えるべきなのは、あたりまえのことだろう。誰も反対する人はいなかったのだ。それが学校に持ち込まれるまでは……。

学ぶのは、苦しいことなのか?

当然のことながら大人たちが楽しく学ぶ生涯学習の基礎づくりとして、子どもたちにも学びを楽しむ「ゆとり」を、という動きが広まりはじめる。ところが、それに対して出てきたのは、滑稽なことに「みんなが楽しいことをしていたら社会が崩壊する」という批判だった。子どもを楽しい状態に置いてはいけない、「学ぶ楽しさ」なんてバカな話があるか、勉強は苦しいことに決まっている、との思い込みがその底流にはある。

臨教案答申から一〇年近くが経ち、すでに触れたように一九九六年の文部省中央教育審議会（中教審）の答申では「ゆとり」の重視がいよいよはっきりした。答申には「子どもたちにもっとゆとりを」といった文言も多くあり、それが「ゆとり」教育というマスコミ語の源流にもなっている。

答申を受けて二〇〇二年から実施の学習指導要領も改定され発表されたが、当初は世間にも概《おおむ》ね好評で、子どもにゆとりを持たせるのはいいことだ、と受け止められていたと思う。前年の一九九五年には阪神大震災があり、それまで経済的繁栄を謳歌してきた大都市神戸が一瞬にして崩壊する虚しさをわたしたちは目の当たりにした。九七年には神戸で連続児童殺傷事件が起こり、九八年には栃木県で、中学生がバタフライナイフで女性教員を刺し殺すという事件があった。いずれも「おとなしい」「普通の」中学生による犯行だったのが世の中にとってショッキングだった。九〇年代初頭には広く認識されるようになっていた「いじめ自殺」も続発しており、答申の出た一九九六年には当時の文部大臣がいじめ防止についての緊急アピールを出している。

神戸連続児童殺傷事件をめぐっては、テレビの討論番組で、出演した若者が「なぜ人を殺してはいけないのですか?」と問いかけて騒然となった。虚を突かれて大人たちはたじたじとなってしまったのだ。それまで社会は「人を殺してはいけない」「殺人は罰される」とは教えてきたが、そこには「なぜ?」という問いが充分にはなかった。

それまでの学校の「教え方」の問題が噴出したのかもしれない。「お年寄りを大切にしよう」とも教え込んできたつもりでも、老人を虐待する青少年たちが目立つようになった。「弱い者を助けなければならない」と教えてきたつもりでも、ホームレスを襲う少年たちが続出した。「なぜ？」が足りなければ、倫理観を引き出すことにはならず教育は付け焼き刃に堕してしまう。道徳や倫理を言い、平等な社会をと言いながら、大人たちの一部が実際にどんな狡《ずる》いことをし、金儲けに汚く、酷《ひど》い社会をつくっているか子どもたちは見ているのだ。

「心」を持ってもらいたいなら、例えば実体験を通して、年を取ると人はどうなるか、脳神経系や体の機能が衰えるとはどういうことなのか、と教えていく必要がある。大家族に年寄りがいることが多かった時代や地方では、育っていく中で体験として得られることもあっただろう。だが都市や近郊での核家族化した暮らしの中では、老人や弱者は、子どもたちの日々の暮らしからは見えない存在になりがちだ。そして多くを稼ぐ者だけが偉いかのような風潮の中では、それぞれ訳あってホームレスの暮らしをしている人が「人であること」にさえ思い至らない子どもたちが出てくるのは、ある意味当たり前だ。

子どもたちの問題が深刻だ、それまでの学校のあり方には変えなければならないところがある、心ある大人の間に、子どもたちに新しい種類の学びの機会を用意する必要があるのではないかという認識が、広く共有され始めた。だからなのか、始まりの時点では、マスコミを含め「ゆとり」教育に対して世の中の声は好意的だった。

アメリカやイギリスなど、先進国といわれ、かつて経済的に強大だった国々の多くは、日本より早い時点で製造業が衰退して雇用の維持が難しくなり、不況になっていた。工業国としては後発の日本がそれらの国に取って代わっていったわけで、一九八〇年代には「日米自動車摩擦」が起こったのを覚えておられる方もあるだろう。後から成長してきた日本は、それこそ規格化された教育で「質の揃った」労働者の力で、安く、性能も良く、故障も少ない車をつくって世界への輸出を増やしていった。「自動車王国」と呼ばれていたアメリカの産業へのダメージは大きく、日本人は働き過ぎだ、と批判され、日本製の自動車がアメリカで打ち壊しに遭うというようなことがあった。そのころ景気が良かった日本では冷ややかにそれを見る人が多かっただろうが、やがて日本も同じような状況になっていく。アメリカでは、軍需に関わるもの以外の、大きな雇用を生む製造業の衰退が続き、仕事を失った中間層の不満が鬱積し、それがやがてトランプ大統領の誕生にもつながったわけである。

「一物一価の法則（同じ品なら同じ値段）」が結局は貫かれるのがグローバル化だ。モノも情報も国境をこえてやりとりされるようになると、人件費の低い国の安い製品がどっと入ってくる。品質や性能の優位性で国産製品はしばらく持ちこたえていても、次第に値下げ圧力にさらされるようになる。消費者の方にも余裕がなくなってくれば、品質は多少落ちても安い方を買おうという選好もだんだん強くなる。値下げで国産品の利益率が落ちれば、それらをつくっている人々の人件費も圧縮されていく。国内産業の支え手は一方ではもちろん消費者でもあり、その購買力が落ちれば、ますます「安かろう悪かろう」が席巻《せっけん》する。デフレ状況になる。かつて先進工業国だった日本の人件費も、世界的な資本の都合にとっては「高すぎる」ということになり、製造業を始めとする産業が人件費の安い国に流出している。国内の失業率は高まり、人々は労働者としても消費者としても、発言力も選択の機会も喪失していく。

大きな資産を持っていてそれをどこにでも投資でき、引き揚げることもでき、いざとなればどこにでも住める階層の人々はべつだ。損はしない。デフレになって物価が下がるのも結構なことだし、円安（それはつまるところ日本の労働力の価格が下がることでもある）で輸出が伸びれば、輸出企業はむしろ儲かる。株価も上がる。

一方で、日本に住み続けて仕事をし続けるほかはないほとんどの人の「真面目な」労働の価値が、ひどく下がっていく。そのことにもちろん、子どもたちも気づいていく。その感覚はごまかせない。この国のこの社会を支える一員として生きても、報われないのではないか？　そういう疑問が、無意識のなかに芽生えていったとしても、無理はない。

「自由競争がすべてを解決する」という新自由主義への政策シフトは、アメリカやイギリスでは一九八〇年代初頭にはっきりした。新自由主義という言葉の中の「自由」は、多くの人々にとっての自由という意味ではない。いや、タテマエとしてはそうであっても、多くの人々の生き方の選択肢を増やすことにはなっていない。増加したのは資本や企業にとっての利益追求の自由度ばかりだ。先端分野での競争では資本の巨大さによる研究開発や販路開拓への投資力がほぼ勝敗を決める。人材についても、速度と量が圧倒するその仕組みの中で競争を勝ち進むタイプの能力が重要とされ、「能力」がある者はいくら金持ちになっても当然という価値観が形成されていき、また様々な方法で喧伝《けんでん》され、極端な貧富の差も当然なこととされてきた。

そんな世の中は良くない、という声がようやく世界でも、日本でも大きくなってきている。その時、われわれはどんな教育を用意するべきなのか。教員の仕事も、教育行政を担当する者の仕事も、時代に応じてよく変わっていかなければならないはずなのだ。

「バブル」の後に

アメリカやイギリスが経験した構造的な不況と新自由主義への政治選択が到来するのが、日本ではやや遅かった。何しろ一九八〇年代の日本は「バブル景気」だった。

なぜその時期に日本では景気後退ではなくバブルが起こったのか。さまざまな見方があるだろう。ひとつ言えるのは、資本主義というのは投資が膨らんで回収されるのを必要とするシステムだということ。それを繰り返して永遠に膨らんでいかなければ成り立たないことになっている。アメリカやイギリスなどの先進経済大国で「成長」「景気」が減速し、そこに資本を投下しても利潤率が低いとなれば、資金は他に割のいい行き先を求める。当時その行き先が、質の揃った労働力があり、自動車などの製造技術が優れ、まだ伸びしろがあると考えられた日本だったということだろう。国民の貯蓄率も総じて高かった。高金利に惹かれて世界から集まった資金は投機的な不動産取引に注がれ、都会に勤める普通のサラリーマンは通勤に片道二時間かかるような場所にしか家を買えなくなり、しかし「まだまだ上がる」というので大急ぎで住宅ローンを組み、一方でおそろしく高価な自動車や贅沢品が売れまくった。

あまりにおかしな世の中で、当時からこんなことは永遠に続くわけはない、バブルだ泡だと言われながら、それでも多くの人々はこれが永遠に続くように、と願っていたのだと思う。無意識に願っていた。なぜなら、続かないと困るから。消費に中毒した状態を、うまくやめる方法が考えられなかったから。

けれど所詮はバブルなので、もちろん最後には弾ける。

この本の冒頭で紹介した一九八四年の臨時教育審議会設置、そして八七年の答申は、結果としてバブル崩壊後のわたしたちの生き方を考えさせるものになっていたと、わたしは思う。「個性尊重、生涯学習、変化への対応」。どれも、いまでも重要なキーワードだ。

バブルの崩壊というのは実は一気に起こったのではなく、まだ土地などの値上がり期待が残ったりサラリーマンの平均年収が上がり続けたりしているなか徐々《じょじょ》に、しかしかなり速やかに進行した。後になってだが、バブル崩壊は一九九一年前後だったというのが定説になっている。銀行から企業や個人が住宅や土地を担保にして金を借りまくっていたわけだが、不動産価格が下落して急激な信用収縮が起こり、野放図な融資は焦げ付いて不良債権と化す。潰れることがないと思われていた大手金融機関がいくつも破綻し、「貸し渋り・貸しはがし」が起こって企業にも倒産が続出し、経済活動がひどく滞り始めた。有名大学を卒業しさえすれば就職に心配はない、という学歴神話も崩れた。

専門学科高校と総合学科高校

そのバブルが崩壊する頃、わたしは生涯学習局から小中高等学校などを担当する初等中等教育局に人事異動した。職業教育課長としてである。

当時、職業教育課の受け持つ仕事で省内全体に知れわたるほどのものというと、高校における総合学科の新設に尽きる。これは平成三年の中央教育審議会答申により提言された高校教育改革の、最大の具体的な「目玉」ともいえるものである。生涯学習の観点に立ち、学習者である生徒が自らの学ぶ意欲、将来進みたい方向に応じてカリキュラムを選択できる高校を作ろうというものだ

一方、社会の状況はというと、それまでのバブルと呼ばれた経済的価値一辺倒の風潮の中で無定見なホワイトカラー指向が蔓延していた。なにしろ、金融とか流通とか商社とかいった第三次産業系のホワイトカラーになって空調のきいたビルの中でお金の勘定さえしていれば、株や土地などの資産がいくらでも値上がりしていって果てしなく豊かな暮らしができると錯覚されていたおぞましい時代だったのである。

半面、ホワイトカラー以外の職業、すなわちブルーカラーと呼ばれる職種は頭から敬遠された。

「きつい、汚い、危険」＝3Kという言葉が流行し、農林水産業、工場労働、物販、保育、看護、介護などの仕事を蔑む風潮が蔓延した。今考えれば狂っていたとしか思えないこうした風潮は、マスメディアを通して増殖し、あたかも世間の常識であるかのように流布していった。

それは当然、子どもたちの進路選択にも影響を及ぼす。高校進学においては、漫然とした普通科志望の空気を招いていた。専門学科はというと、理数科、国際科、美術科、音楽科などの普通教科系の高校はともかく、まだ専門高校ではなく「職業高校」と呼ばれていた農業科、林業科、水産科、工業科、商業科、保育科、看護科、家庭科などの職業学科高校は不人気の極みとなっていく。

その頃中学校における進路指導に際して不可欠のものとして用いられていた業者テストの結果の偏差値に基づく「輪切り」が、それに拍車をかける。中学生たちは、偏差値の高い順に序列化され、高い方から順番に、普通科、商業科、工業科、農業科……といった具合に進路を押しつけられるようになっていた。心ない中学校の教師たちは、これを「普（通科）、商（業科）、工（業科）、農（業科）」と江戸時代の身分差別をもじった教育現場にあるまじき差別用語で日常的に語っていたほどである。

こんな有様では職業高校の意気が上がるはずもない。生徒たちも、不本意入学や「輪切り」で送り込まれた敗北意識から勉学への意欲を失いがちだった。中教審答申が「職業学科の再編成」を提言していたにもかかわらず、それさえ難しいのではないかとの声が大勢を占めていた。

折柄、少子化が顕著になってきて高校統廃合が各都道府県の懸案事項にもなっていたところである。この情勢下では、統廃合対象が職業学科に集中するのは明白だった。職業教育課長就任の挨拶に回ると、何人かの先輩から「君が最後の職業教育課長になるかもしれないね」と冗談半分に言われたのを覚えている。複数の自民党国会議員からも、「職業高校はなくした方がいい」「全部普通科にすればいいいんだ」と指摘された。

いや、社会全体がそうした雰囲気だった。なまじ職業学科高校があるから普通科へ行けずにそちらに「輪切り」で押し込まれる、という苦情が保護者からも出されていた。大げさでなく、専門高校は存亡の危機に晒されていたのである。

そこでわたしは、就任すると早速、専門高校の必要性が本当にあるのかないのかを徹底的に検討する決心をした。

公務員である以上、公僕たる身としてその主人に当たる国民の皆さんが要らないというものを無理矢理守って存続させるわけにはいかない。現在話題の「事業仕分け」ではないが、主権者である国民の側に立った判断が不要と決するものを、役人が自分の仕事を守りたい思いで残すのは許されない。職業学科高校を守るのなら、国民の皆さんに納得してもらえるような説明をしなければならないと思った。それが不可能なら、甘んじて「最後の職業教育課長」になる覚悟だった。

もちろん、国民の皆さんに納得してもらえるのが一番。それには専門高校の魅力を知ってもらう必要がある。にもかかわらず、文部省（当時）の職員自体がそれを知らない。わたし自身を含め、ほとんどが普通科の卒業生だ。自分が専門高校を理解しようとするのと同時に、省内にも実状を知ってもらおうと考えた。まず自分が知り尽くしてから他に教えるのが常道だろうが、そんな時間の余裕はないと思った。

そのことを各教科の教科調査官たちに相談すると、各学校が取り組んでいる「ものづくり」を教えてくれた。これはいい。話で説明するより現物を見せた方が早い。職業教育課の中に製品の展示スペースを作った。来訪者が、必ず目にしてくれる仕組みだ。役所の廊下を通る人たちにも見せるために、部屋の廊下側の外壁にも展示をした。展示のための工作をするのは課の職員たちである。

効果はてきめんだった。省内でこんな奇抜な試みをするのが初めてだったこともあり、大いに注目を集めた。全国の専門高校も、教科調査官から各校長会を通しての要望に応え、積極的に各校の製造物を送付してくれた。展示スペースは常にいっぱいになり、あふれかえるほどの盛況だった。論より証拠。高校生たちの作った食品、木工、金工などのレベルの高さは専門高校の教育水準を雄弁に示した。

職業教育課の執務室内から始まったこの動きは、省内玄関近くにある公式展示スペースへ進出し、当時隣接していた国立教育会館ロビー、さらには旧文部省庁舎の中庭での専門高校生製造品展示大会にまで発展した。当時の森山真弓文部大臣が、中庭の特設テントで静岡県立焼津水産高校の生徒たちが自ら捌いて蒲焼きにした鰻に舌鼓を打った日のことは、今でも語りぐさになっている。

前年平成三年から始まっていた全国規模で専門高校生たちの学習成果を発表する場である全国産業教育フェアも、関係者の間の交流にとどまらず、物品の展示、即売や生徒たちの活動発表を大々的に行って世間に対するアピールを重視するようにした。メディアへの露出を図ることにも務め、まず文部省内の記者クラブに売り込みをかけ、全国紙や全国ニュースに取り上げてもらったことも多い。

これらの事業を行うに当たっては、生涯学習フェスティバルの経験が大いに生きたのは言うまでもない。

平成三年の中教審答申は、専門高校の在り方について「職業学科の再編成」として次のように現状を分析し改革を提言している。

【職業学科については、現行の学科区分が社会経済の進展に必ずしも十分に対応していない面も見られ、また固定的な学科区分意識の中で学科の枠を越えた複合的な教育内容を実施することも困難となっている。このため、情報化、国際化、高齢化、サービス経済化等、今後のわが国の産業・就業構造の変化により適切に対応できるように学科制度を再編成し、例えば、新たに情報、厚生、観光に関する学科（仮称）などを制度的に加えることが必要であろう。

また、今日のように技術革新の激しい時代に対応するためには、余りに専門分化した職業教育を行うよりはそれぞれの学科における基礎的・基本的な内容を重視し、個々の学科も過度に専門分化しないようにすることが重要である。】

さすがに的を射た内容である。しかし、その改革を実行する以前に、目の前には存亡の危機状況があった。なくなってしまったのでは、再編成どころではない。専門高校存続を国民の皆さんに納得してもらうために、わたしは二つの条件を設定した。

第一に、専門高校の教育が将来の日本社会のために必要不可欠であると証明すること。そこで育つ人材が二一世紀においても産業社会の中で重要な位置を占めるとわかれば、取りつぶすわけにはいくまい。

第二に、専門高校の教師、設備などの教育体制が改革に耐えうるかどうかを確かめること。長らく高校教育の中で低位に見られてきたことで現場の士気が低下しているのではないかと心配した。中学校の教師たちはほとんど全部が普通科高校出身なために、専門高校教育の内容に無知で、偏差値による「輪切り」の悪弊もあって偏見が強かった。ある中学校の進路指導担当教師が「工業高校なんか入ったら大学へ行ける可能性はゼロだ」と放言するのを聞き、唖然としたものである。

中学校の教師ほどひどくはなくても、高校の普通教科担当教師にも偏見はあった。彼らも、専門高校出身者は皆無に近い。英語や数学の教師が普通科高校から専門高校に転勤になると、生徒の程度が低いとあからさまに嘆くのを少なからず耳にした。

もちろん、生徒の意欲が何より大切である。しかも、社会からの専門高校に対する偏見に最も傷ついていたのは彼らだった。そのころ、ある全国紙の投書欄に専門高校の女子生徒が「雨の日が待ち遠しい」と題した文章を投稿した。制服でどこの高校の生徒かわかると差別の眼で見られるのが、雨だとレインコートで隠れるからうれしいというのである。制帽を鞄の中に隠して通学する男子生徒の話も聞いた。

わたし自身、進学系普通科高校に家庭科を併設する某県立高校の校長が、酒席で「うちの学校には開かずの教室がある」と怪談めかして話し、そのオチが家庭科の生徒が普通科に気後れして休み時間も教室から出ずに過ごすのだと聞き、彼に対して激怒した経験がある。自校の校長からさえそのようなふうに扱われる生徒たちの気持を思うと、我慢ならぬものがあった。

だがそれも、第一と第二の条件がクリアされ専門高校が誇りを取り戻していきさえすれば、解決することだと信じていた。生徒たちは、そこで学ぶことに意味があり自分の将来につながっていくことを自覚しさえすれば、元気を出せるはずだ。それより重要なのは、世間の意識を変えることと、学校の側に生徒を責任もって育てる体制を確立してもらうことだと考えたのである。

第一の条件を確実なものにするのには時間と手間がかかる。すぐできるのは、第二の条件を確認することだ。わたしは、全国の専門高校へ向けて踏み出した。最初に訪れたのは課長就任に伴うあれこれが一段落した一ヶ月半後、熊本県立熊本農業高校と熊本工業高校である。いずれも歴史の古い学校だ。熊本農業の広大な敷地、手入れの行き届いた農業実習施設には奥深い教育力を感じた。熊本工業の実習設備もさることながら、大人でも難しい通産省（当時）の情報処理技術者検定に合格する実力を持つ生徒がいるのにも驚いた。

少なくとも教育レベルや施設設備において恥ずべきところはない。老朽化している部分はあっても、手入れは行き届いていた。そして、その後各地の学校を回り、各専門教科の教師たちの集まりに足を運ぶにつれ、教師たちの志の高さもわかってきた。校長たちだけでなく各学科の中核となる教師たちとは酒を酌み交わしながら専門高校の将来について膝詰めで語り合った。これなら現場は動く、という手応えを十分に感じたのは就任半年も経たない頃だった。

となれば、第一の条件を見極めるのが文部省側の仕事である。霞ヶ関の官庁ネットワークを最大限に活用した。農業、林業、水産の教育については農林水産省、工業は通産省と建設省、商業は通産省と運輸省、保育、看護は厚生省に将来予測を聞き、全体的には経済企画庁と労働省の意見を聞いた（省庁名はいずれも当時）。わたしと同世代か少し下の少壮官僚たちが、真剣に考えてくれたのに感謝している。霞ヶ関の本来の機能は、こうしたシンクタンク的な場合に最もすぐれた形で発揮されるのである。

結論は、必要という答えだった。わずかに保育だけが高校レベルの専門教育では不十分とされたが、代わりに介護福祉士を目指す福祉科の拡充が求められた。たとえば農林水産業に関しては、食糧自給率の向上や食の安心安全が叫ばれ、国産農林漁産品がブランド価値を増す昨今の情勢を見ても、適切な予測だったといえよう。また、平成五年に就任した橋本龍太郎通産大臣は、熟練工場技術者の養成が欠かせないと就任会見で述べた。平成七年に起きた阪神淡路大震災では、その救援や復旧の活動に専門高校出身者が各分野で活躍した。電気、ガス、水道といったライフラインの復活に工業高校卒業者の果たした役割だけでも特筆に値しよう。

何より３Ｋなる不快な言葉が消えたことが、ブルーカラーの社会における地位を徒《いたずら》に貶めてはならないとわれわれが改めて気づいた証拠である。むしろ、過剰なホワイトカラー指向が、大手企業の事務職正社員に希望が偏った結果の労働需給アンバランスを生じせしめ、非正規雇用や無業者の問題につながっているのではないか。少なくとも今日、あの時代のように専門高校を不要とする声は聞こえてこない。

二つの条件を満たしたことで、わたしたち職業教育課は専門高校の存続を社会に認知させ得る基盤を得た。存亡の危機から、一転して専門高校改革へと反転攻勢をかける流れになってきた。底値を打っていた銘柄が、倒産を免れ上昇の方向に進むようなものである。予算にも反映した。平成五年度、六年度の専門高校整備予算である産業教育振興費は大きく増額された。老朽化していた施設・設備も徐々に更新されるようになってきた。

こうして専門高校は活性化への道を歩み始めた。ちょうどその動きを大きく後押しするように起きたのが、業者テストとその結果出る偏差値に依存した「輪切り」進路指導の追放である。平成四年一〇月、鳩山邦夫文部大臣の鶴の一声で、この大改革は始まった。偏差値に頼った高校受験指導を追放するということは、生徒ひとりひとりの興味・関心、能力・適性に応じたきめの細かい進路指導への転換である。

先に述べたとおり、偏差値による「輪切り」によって専門高校は不当な地位に甘んじていた。自ら志望してではなく偏差値によって進学を強いられるのでは、生徒の意欲は生まれない。だが、新しい進路指導が行き渡れば、偏差値とは関係なく専門高校の教育に期待する生徒が集まるようになる。ちょうど活性化に向かう専門高校にとっては、願ってもないチャンスが到来したと言っていい。

従来からの行きがかりで、中学校、高校の進路指導は職業教育課が担当していたのも幸いした。わたしたちは、専門高校の活性化と中学校における進路指導の改善とを、セットの形で構想することができた。進路指導の転換で、いわゆる普通科進学校には戸惑いがあったかもしれない。対して専門高校はというと、真に専門教育を求め学ぼうとする生徒を集められるようになってきた。専門教育を充実させようという学校側の努力と、そこで学ぼうという生徒の意欲が結びつく可能性が広がったと思う。

また、冒頭書いたように、総合学科を新設するのも職業教育課の任務だった。

中教審が総合学科を提案したとき、専門高校側にとってはそれが専門高校廃止の動きに拍車をかけることになるのではないかとの恐れが生まれていたようだ。たしかに、作り方によっては専門高校を普通科に近づける形の代替的な存在となり、専門高校がなくなって普通科と総合学科だけになっていく恐れもないわけではなかった。

わたしが着任した時点では、総合学科は生徒にカリキュラム選択の自由を与えず、学校側が用意したいくつかのコースのうちから一貫した履修セットを選ぶ形として構想されていた。これでは、専門高校との違いは明確にならず、普通科高校に一部専門教育コースを併設するのと変わりがない。わたしを激怒させた校長の学校のように普通科色の強いコースと専門教科の多いコースとの間に差別意識さえ生み出しかねない。

それで進行していた構想を、本来中教審が想定していた形、つまり現在の総合学科のように、生徒ひとりひとりにカリキュラム選択権を有してもらう形に変えることにわたしが固執したのは、そうした理由からである。これなら、一貫したカリキュラムで専門教育を受ける専門高校と、はっきり違った性質の教育を提供する学校になる。過疎地域で専門高校が総合学科に衣替えするのは止められないとしても、それ以外では総合学科と専門高校は異なった教育機能を提供するものとして両方必要になる。

専門高校の活性化と総合学科の新設が両立し、いや、それどころか専門に特化して組んだ教育に徹する専門高校本来の価値を再認識させることになるというと、職業教科の教科調査官の皆さんも総合学科の創設作業に大いに力を貸してくれた。専門高校の行うのが、いわばディープな職業教育なら、総合学科のそれはライトな職業教育であり、どちらも必要な教育なのである。

「何でも一番」病

高度成長期からバブル期までは、経団連の会長など幹部は、重厚長大型と呼ばれる、大きな設備投資を必要とする産業のトップから主に選出されていたものだった。その時代の日本で力があった産業分野だ。しかしバブルも崩壊して、一九九〇年代も後半になると経団連の影響力・存在感はいちじるしく後退していた。代わって、同じ経済団体でも、経営者が個人として加入し、経団連よりリベラルな姿勢を保ち、政府主導ではなく民間の創意を重視する見解を（当時は）表明していた経済同友会が目覚ましく活動するようになった。一九九〇年代末から二〇〇〇年代初めにかけては、富士ゼロックス、日本ＩＢＭといった情報・ハイテク企業の経営者が会長を務めている。

ソフトウェアなど物であるよりも考え方やシステムの開発が競争力になるそうした企業では、独創的なアイディアを持てる人間を育てなければ、という意識が強かった。一九九五年には経済同友会から「学校から合校へ」という提言が出されている。この提言は幅広い学術活動で知られた社会学者の橋爪大三郎氏が起草したものだ。「学校」をそのコンセプトから考え直そうという発想で、提言の見出しには「学校を『スリム化』しよう」「教育に多様な人々が参加できるようにしよう」「子供たちが多様な集団のなかで成長できるようにしよう」などと当時とすれば大胆な言葉が並んでいる。

その改革のために「企業ができること」という章もあって「企業の経営資源を（学校や地域のために）活かす」「親としての社員に配慮する（単身赴任をさせない）」などの言葉がある。あの頃は、それまでの利益至上主義を乗り越えようとする勢いもまだ日本企業にあったのだ、と改めて思う。

社会の仕組みというものは、経済的にも精神的にも余裕があるときに、次の時代を見すえて根底的に変えればうまく行くはずなのだ。切羽詰まってきてから変えようとすると、すでに足許が窮屈になっているから、方向転換もうまくできない。

だが、反動はすぐにやってきた。変化の中で必然的に起こってくるさまざまな現象の、一見都合の悪い部分を何でも「ゆとり」教育のせいにする風潮が始まったのだ。マスコミの多くもよく調べもせずにそう報ずるので、人々の多くもよく考えずに「きっとそうなんだろう」と思うようになった。最近の言葉でいえば、フェイク・ニュースであり「ポスト真実《トゥルース》」だ。

ＰＩＳＡショックという騒ぎがあった。ＰＩＳＡ（Programme for International Student Assessment）とは、ＯＥＣＤ（経済協力開発機構）加盟国の一五～一六歳児を対象に行われている学力調査で、いわゆる先進国での教育の達成度を見ようとするものだ。読解力、数学的リテラシー、科学的リテラシーの三分野について出題され、二〇〇〇年以来三年ごとに行われている。

二〇〇〇年の調査では日本は数学的リテラシーで一位、読解力で八位、科学的リテラシーで二位だったが、二〇〇三年には数学的リテラシー六位、読解力一四位と順位を下げ、科学的リテラシーは二位のまま、追加された「問題解決能力」では四位だった。

それがショックだという話なのである。

メディアが例によって大騒ぎしてそれに乗っかる評論家や学者もいたわけだが、別段悪い成績でもない。一位との差は数学的リテラシー、科学的リテラシーではごくわずかで、統計学上は同グループに位置づけられる程度のものだった。

ＰＩＳＡが始まる以前には、日本はＩＥＡ調査というものに参加していた。数学と理科の、それも受験学力のような力を中心に見るテストで、一九六四年に行われた第一回国際数学教育調査から始まった。二〇〇三年以降は国際数学・理科教育調査（ＴＩＭＳＳ Trends in International Mathematics and Science Study）という名称になっている。こうした調査では日本はトップクラスの常連だった。経済成長期で、勉強して「いい学校」に行けば「いい目」にあえるとされた時代だったのだから、受験勉強を頑張ったのも当然で、その結果である。

ところが、成熟段階に入った先進国で求められる「新しい学力観」に対応するはずのＰＩＳＡでは、一回目こそ順位が高かったものの二回目以降落ちていったというので、それに焦る論調がさかんに出た。ＴＩＭＳＳだろうがＰＩＳＡだろうが日本が「何でも一番」であるはずだ、そうじゃないと気が済まないという人がまだ多かったのだろう。バブル時代に「ジャパン・アズ・ナンバーワン」とまで言われて高揚した気分の後遺症かもしれない。

だがそれでは、学力とは何か、どんな学力がいま必要なのかをまったく考えていないことになる。計る学力の性格がまったく異なるＰＩＳＡとＴＩＭＳＳでは、上位に来る国や地域は同じでない方が自然なのだから。

「新しい学力観」に対応していると言われるＰＩＳＡで上位に来るのは経済成長期を過ぎたヨーロッパの国々、中でも人口規模も小さめの国が目立つ。一方、数学や理科の問題を素早く解くことを要求される、どちらかというと答えの決まった受験テスト向けの学力が測定されるＴＩＭＳＳでは、先に述べたように一九六〇年代から日本はずっと最上位クラス。一九九〇年代になると日本はシンガポール、台湾、香港といった国や地域と一、二位を争うようになる。繰り返しになるが、経済成長が続いていて若年人口も比較的多い社会では、その社会が要求する仕組みの中で良い成績をとって学歴を積むと他人に「勝つ」ことができ、収入面などで報われる可能性が高かったので「ガリ勉」する動機も強くなる。だから、アジアの新興国でこのテストの成績が良くなってくるのは当然の現象と解釈するべきなのだ。そして経済成長の速度が鈍化した日本のような国では成績が下がってくるのもまた、あたりまえ。人種・民族間で個人の能力に差があるわけはない。日本がいつまでもテスト勉強の競争でトップだったら、むしろその方がおかしいと思うべきだろう。

一方、いわゆるテスト勉強のようには「答え」がはっきりしない社会や時代に必要な応用力、問題解決能力を問うとされるＰＩＳＡでは、よく知られるようにフィンランドが最上位に躍り出た。あのように小さな国でなぜ？と人々は思い、日本の教育もこれからはフィンランドを参考にしなければ、と反省する議論も出はじめた。

その後、ＰＩＳＡでも上海や、香港やシンガポール（ＯＥＣＤ加盟国でなくともオブザーバー参加できる）が数学的リテラシーなどで一位をとるようになっている。しかし上海や香港は一国家ではなく、特別発展している地域なのだから学力の高い子が集中しているのも当然だ。だから、ＰＩＳＡの結果発表を見てどこが何位かだけを較べるのでは、実は何も見えてこない。

メディアは見かけの順位ばかりを報じ、国民は一喜一憂しているのがどだい的外れ。ＰＩＳＡとＴＩＭＳＳ両方で一位になりたいというのもなかなかむずかしい話だが、どちらの順位が少し落っこちても「学力低下だ」「ゆとり教育のせいだ」と大騒ぎする人たちがいる。彼らは内容を分析しようとせず、ただ順位だけを重視する。そうした状態が二一世紀初頭以来続いている。なかなか認識が正されない。

学ぶには動機が必要だという、あたりまえのこと

そういえば、その一〇年前に騒がれた「関心・意欲・態度」問題についても触れておきたい。学校での教科学習の組み立て方や、成績のつけ方には「どこを伸ばそうとし、評価するか」という基準のようなものが必要とされてきた。教育には公共性があるのだから、そのような説明の言葉も必要なのは当然ではある。

学習内容・効果を見ていく観点として「知識・理解」「思考・判断・表現」「技能」「関心・意欲・態度」などがある。「観点別評価」は、学習指導要領改定についての教育課程審議会による一九八七年の答申の中で「知識理解面の評価に偏ってはいけない」という趣意で導入が要請されたものだ。「学習指導要領」は文科省が学校教育法施行規則に基づいて告示する。指導要領はあくまで「告示」であり、法律ではないのだが、それぞれの時代、教育・学習の基本的方向を決めてきたのは事実だ。

一九八七年答申を受けた一九九二年の指導要領改定は、一九八〇年代以来の「人材がこのままでは日本は立ちゆかない」という世論を受けて「新しい学力観」に舵をきった。前述のように（一九ページ参照）小学校一、二年生では理科・社会が「生活科」に統合され、学校週五日制も月に一度という形でスタートした。それに加えて、テストの点数だけでなく複数の観点別に学習の達成度を評価するとされたが、その中で「関心・意欲・態度」をどう評価するのか、ということが問題になった。

結果が数字で出るテストと違って、児童生徒の関心・意欲・態度をどう見るかは教員によって違ってくる。教員がその児童生徒の努力に気づくことができるのか、またその子なりの可能性をどう見てどう評価するのかということには、もちろんはっきりした正解はない。保護者なり社会が評価に異論を差し挟みたくなることもあるだろうし「なんでも平等」として思考停止して済んでいた時代の教員自身が、関心・意欲・態度といった人間性に関わることを評価する自信を持てなかったということもあるだろう。

だが、テストで一律に評価して上位になった人間だけではもうだめだ、これからの時代には通用しないと国民も思ったからこその「新しい学力観」ではなかったのか。

新しい学力を見極めようとするときには、当然、教員もその判断について批判をうけることもありうるだろう。しかし失敗や批難を恐れるあまり、教員自身が自分の考えを持つということができなければ、子どもたちに新しい学力が育つわけはないのだ。

関心・意欲・態度が問われるようになってきた理由には、時代の変遷の別の面も関わっている。団塊の世代が小中学生だった時代は、ひとクラス五〇人とか六〇人近くで授業をやっていた。六〇人相手に全員の関心・意欲・態度を正しく見るのはほとんど不可能だろう。しかし一九九〇年代の時点では、ひとクラスは最大でも四〇人であり、多くは三〇人以下になっていた。三分の二以下の人数になって、環境としては以前より余裕があるはずだから、「やる気」という気持ちの部分、つまり可能性をちゃんと見てあげたらいいんじゃないのかという話が出てくるのは、自然のなりゆきなのだ。やる気はあるのだけれど成績の上では結果として出ていない子がいたとする。やる気があることは可能性を持つことだから、そこを評価して力づけていけば、伸びるチャンスを得られる子は増えるはずだから、全体の学力にとっても良いことであるはずだ。そう考えるのが教育というものの本質から見てもあたりまえだ。

しかし実際の教育現場では、関心・意欲・態度を「客観的に」見るためにさまざまな指標が必要とされ、そんな評価をしている暇があったらそのエネルギーをもっと授業そのものに注ぎたい、といった声も上がった。指標に従って評価を書き入れる事務作業に教員が忙殺されることで、学校全体の教育力がかえって落ちている、それもまた「学力低下」の原因なのではないか、という見方も出てきた。

教育に関してはいつもそうであるように、「関心・意欲・態度」を見るという変化に対してもいろいろな立場から様々なことが言われたが、最も多く語られていたのはもっと低レベルな話だったとわたしは思っている。態度を先生が評価するとすれば、先生にごまをするやつが得をするとか、いい子ちゃん競争が始まるというわけだ。

そういうこともまあ部分的にはあるだろう。してはいけない贔屓《ひいき》をする教員が出るのは由々しき問題である。だが話の前提はまったく違うところにあったはずだ。それまで学力しか見ていなかったという反省があって、それではこれからの時代の人間像を探していくことにつながらないから、教育・学習の価値についての観点を増やそう、多様にしようということだったのだ。

景気がよくてどんどん経済成長をしていた時代には、ガリ勉してでも競争に勝てば人よりいい生活ができてトクだよ、だから苦しくても頑張れ、という単純な話でもよかった。だがもうその「勉強すれば、将来いい暮らしができる」というロジックは崩れた。現在の若者の状況を直視すれば、これまでの社会が決めてくれていた方向に努力すれば必ずいいことがあるよ、とは大人としてとても言えない。子どもや若者たちにとっても、全然ピンと来ないだろう。いまの若者は実はほんとうによく考えているとわたしは思っている。大人や社会が嘘を言っても目立った反抗もしないかもしれないが、信じもしない。そして安保法制論議におけるように大人社会で大きな嘘が進行していると気づけば、行動も表現もする。自分の言葉で語り出す者も、ちゃんといる。

子どもの数が減りはじめ、社会が一度はこれ以上ないくらい物質的に豊かになったバブル時代から、学力観がこのままではいけない、という議論は始まった。当時は大学に行きたいと思えばほぼ全入で、就職もほぼできた。勉強で競争しなくてもじゅうぶん生きていけるのに全員が競争しろと急《せ》き立てても通じない。だから確かに、日本の子どもや若者の平均的学力はその時に低下し始めたのかもしれない。大学全入に近くなって「こんなやつが大学生?」と思うような話がしょっちゅう取り沙汰されて「日本がダメになる」と大人たちが思い始めたことも、まあ故《ゆえ》無しとはしない。

だがバブルの時代、大人たちが何をやっていたかという反省はなくていいのか? 金さえあれば何でもできると言わんばかりに、多くの大人たちが好き放題をやっている中で、子どもたちに競争しろ努力しろ、将来に備えろと言うのはどだい都合の良すぎる話だった。

「学力低下」神話をこえて

PISAショックにしても、その前の「関心・意欲・態度」問題にしても、どのような理念で子どもたちの学びを支えていくかということより、センセーショナルに騒ぎ立てる動きの方が先行した。二〇〇二年の「ゆとり」教育スタート直前の学力低下への懸念は、そのほとんどがフェイクニュースに基づくものだった。しかし、そのうちそれがマスコミでも言説として定着してしまい、子どもたちが「学力低下」しているという一種の神話が生まれた。二〇〇〇年代はじめの日本の子どもたちの「学力」の状況をどう評価するかについては、論じるつもりなら精緻な、前提をしっかりさせた研究が必要だろう。ものごとを比較するときに、その論にとって都合のよい現象や数字だけをとらえるのでは意味がない。また学力観そのものが時代の変化によって変わっているのだから、数字に表れやすい部分の比較だけで、教育施策の是非は語れないのだ。

世間で「学力低下」が叫ばれるのに対して過剰反応する省内意見もあり、文科省は「学びのすすめ」という文書を出した。二〇〇二年一月一七日、遠山敦子文科相の時だ。正確には「確かな学力向上のための２００２アピール『学びのすすめ』」というタイトル。タイトル自体に、「学力が低下している」という主張への配慮が見られる。

しかし内容をきちんと読めば、まさに新しい学力観に立っている。「新しい学習指導要領は、基礎・基本を確実に身に付け、それを基に、自分で課題を見付け、自ら学び、自ら考え、主体的に判断し、行動し、よりよく問題を解決する能力や、豊かな人間性、健康と体力などの『生きる力』を育成することを基本的なねらいとしています」「新しい世紀を迎え、これからの日本と世界は様々な面でこれまで以上に激しい変化に直面することになると予想されます。そのような中で、これからの社会を担う児童生徒が主体的、創造的に生きていくため、一人一人の児童生徒に『確かな学力』を身に付けることが重要となると考えます」「自ら学び考える力、学び方やものの考え方、問題の解決や探究に主体的・創造的に取り組む態度などを育成することをねらいとして、総合的な学習の時間を新設したところです」。いわゆる「ゆとり」教育を選択したことからの、後退は見られない。

また、このようにも書いている。「昨年12月に公表された、経済協力開発機構（ＯＥＣＤ）の『生徒の学習到達度調査（ＰＩＳＡ）』（註・二〇〇〇年実施）の結果によると、我が国の児童生徒の学力は、単なる知識の量だけでなくそれを活かして実生活上での課題を解決する能力についても国際的に見て上位に位置していることが明らかになりました。その一方で、我が国の生徒の『宿題や自分の勉強をする時間』は参加国中最低であること、最も高いレベルの読解力を有する我が国の生徒の割合はＯＥＣＤ平均と同程度にとどまっていることなどの結果も出ています」「これらは、これまでの我が国の初等中等教育において、知識や技能だけでなく、思考力、判断力などまで含めた学力の育成に向けて取り組んできたことの成果の現れであるとともに、学びへの意欲や学ぶ習慣を十分身に付ける、あるいは、一人一人の個性や能力を最大限に伸ばしていくといった課題を示すものであると考えます」

経済成長が続いてきた時代には、自分の少し前の時代の大人たちの生き方を参考にすることもできたし、失敗に学ぶことができた。大前提として、社会それ自体が壊れはしないという信頼感、あるいは逆にそれゆえの閉塞感があったから、激しい反発や現状の拒否に走ることもできた。一九六八年にひとつのピークを迎えた若者たちの反体制・反権威の運動や文化には「近代」そのものを問い返す意味はあったと思うが、結局その若者たちの多くも大学を卒業して就職したとたん「企業戦士」になり、経済成長を追い求める生き方に至ったのは、ご存知の通りだ。バブルの頃、その恩恵に最も浴したのは、皮肉にもこの世代なのである。

しかし二〇世紀が終わろうとするときの日本では「近代」がいよいよ大局的には終わる、という認識あるいは感覚が共有されはじめていたと思う。近代が終わるとは、ひとつには生産も消費も拡大していくことでさまざまな問題を先送りしていた経済の仕組みがもう機能しないらしい、ということだろう。「ポストモダン」思想ブームには浮わついたものもあったが、一方で成長の終わり、あるいは縮小を見据えて「定常化」する社会を考えてみようという試みもたくさんあった。

日本は中世（鎌倉・室町期まで）から近世（江戸期）に進んで統治が安定し、だんだん豊かになっていく。明治になって近代化が急速に進展するなか、貧富の差や資源や土地の不足といった矛盾がしだいにのっぴきならなくなり、極端な政治思想が現れて大衆も煽られた。その結果戦争になってはじけ、負けてまたゼロに近くなった。そこから戦後また経済が膨らんでいってどんどん勢いがつき、バブルに至って、またはじけた。が、インフラや資産はゼロどころかむしろ世界的に見ても多く積み上がっている。もう一度戦争でチャラにしてやり直し、というわけにはいかない。

だとしたら定常ないし静かな縮小、あるいは生活と国土の持続可能性を守りうるきわめてゆっくりとした成長ということを考えなければならないことを、あのころ、多くの人々がどこかで了解していたと思う。

「近代」が終わるということは、社会構造、経済の仕組みの根本的な変化を伴うはずのことだ。その認識に立った「新しい学力観」とは何か。「ゆとり」という言葉に惑わされがちだが、一番大事なのは「自分で考えること」「答えの探し方そのものを状況に合わせて探求する、応用力」ということだろう。数学や国語などの教科科目は、そのための基礎、前提としてある。

「何を学ぶか」そのものを探す時間

新しい学力観を探し求め、伸ばす場としてつくられたのが「総合的な学習の時間」だとわたしは理解している。

教科学習では、知識や理論を学ぶことはできても、人間が生きてそれぞれに幸せとは何なのか考えていくための「情」の部分は教えることも学ぶこともできない。国語の教科書には感動的な物語も載っているじゃないかと思われるかもしれないが、そこで感じたことをテストで書かせて、あるいは選択肢から選ばせて、結局点数をつけて評価するというのでは、なにか違う。

それに対して「総合的な学習の時間」はときに、「何を学ぶか」そのものを探す時間だ。「授業」ではあるが、教師がすでにある知識を授《さず》けるだけではない。子どもたち自身が「なぜ・なに」を心に抱き、興味関心を原動力に識りたいことを調べる方法を考え、仲間と協力しながら探求をしていく。そこで得られる「答え」ももちろん大事だが、答えを見つけていく、その過程がもっと大事。その過程を準備し支え導くのが、教員。子どもたちが世の中で出会って行くであろうさまざまな「初めて出会う問題」に対して、解決や回答を探す方法を考える態度を養う時間だ。

「総合的な学習の時間」は二〇〇〇年から段階的に始まり、すでに相当な蓄積がある。優れた実践例もたくさんある。東京都荒川区の区立小学校教諭（当時）の善元幸夫さんの授業例を、ここでは紹介したい。

二〇〇一年にわたしが善元学級の授業を見学させていただいた際には、「コンビニ調べ」「たねのふしぎ物語」というテーマの授業が展開されていた。小学三年生のクラスである。「総合的な学習の時間」のテーマはどんなふうに決めてもいい。方法・手段も自由だ。

「私が教員生活を始めた二六年程前は、学校でクッキーを焼いただけで、いろいろと言われる時代でした」と当時善元さんはわたしに語った。

「コンビニ調べ」では、地域のコンビニエンスストアを観察・偵察してきた子どもたちが、まず疑問を書き出す。

疑問１：コンビニの商品で売れ残った賞味期限ぎれのものはどうするのか？

そしてまた調べ、分かった結果が「全部廃棄する」だった。するとまた、疑問が生まれてくる。

疑問2：期限ぎれの前に安くして売ることをなぜしないのか。

理由を調べると「買ったお客さんが食べておなかをこわすといけないから」という答えがまず出てきた。しかしもっと調べていると「全国のお店で一斉に値段をはり直すためには、多くのお金がかかる。商品を捨てる方がお金がかからないから」という、子どもにとっても驚くべき理由が分かる。ちなみにこの理由は、コンビニで働くお父さんがいる家庭の子が、お父さんに聞いて発見してきたことだ。

そのように分かってきた謎は「コンビニ調べ」と題字が書かれた大きな模造紙にどんどんと書き込まれ、教室の後ろの壁に大きく貼りだしてあった。

「たねのふしぎ物語」というテーマの授業でも、身近にあって、思えばいろいろな「ふしぎ」が詰まっている植物の「種」という存在に「なぜ・なに」という心を寄せていく。子どもたちが調べ、わかってきたことを大きな紙に書いて皆で共有していくのだが、善元さんはこんなことを言っておられた。「気づいたことを必ず自分の名前を入れて書きます。一つのアイディアが決定的に流れを変える場面があると、よく知っている子が必ずしもいい意見を出すのではなく、普段ふらふらしている子が何かおもしろいことを言ったりする」。

「総合的な学習の時間」では、教員もまた、子どもたちの多様な側面を発見するのだ。

ここの記述は二〇〇二年に出版された『いま、教師は何をすればいいのか』（小学館）を読み返しながら書いているのだが、その本のなかに善元さんと、宇宙飛行士の毛利衛さんの対談が入っている。善元さんが「子どもに大人が教え込むという意味での『教室』を、子どもたちがみずから学ぶ『学室』に変えていきたい」と語るのに対して、毛利さんの答えも実に深い。「私も宇宙少年団というのを始めていますが、それは同じような発想からなんです」「子どもばかりにとどまらずに、大人も含めて、すべてそういう発想が日本では足りないのじゃないかと思うのです。いま会社でも、いかに好奇心をもって一人一人が自分で問題を探して、それを追及していくかということが求められ始めているでしょう」

「ただ私はそういう形でクリエーティブに問題を追究していくことが必ずしもすべてだと思っていないのです。それは能力によると思うんです。能力というのは、良いとか悪いとかいう差別ではなくて、そういう能力を持っている人にはそういう人生がありうるけれど、そうでなくて、ただ受身的にすごく知識を覚えられる子どもたちもいるし、大人もいるということを忘れてはいけないと思うのです。日本の社会では、ともするとそういう人たちにまですべて新しい問題点を発見して云々ということを要求してしまう。一八〇度全部逆のほうにいってしまうと、実はあまり変わってなかったということにもなりかねません」

毛利さんはことの本質を捉えている。この言葉に、わたしは快哉《かいさい》を叫びたくなった。そうなのだ、「総合的な学習の時間」は「人は多様だ」ということこそを前提とした学びのあり方なのだ。

モノやカネより、体験

「総合的な学習の時間」は、そこでの「達成度」に応じて点数をつけるという発想にはまったくなじまない。みんなで共に学んでいく時、ひとりひとりに点数をつけるのは困難だ。「総合的な学習の時間」は、教員も共にみんなで学んでいくなかで「情」的なものを育てる時間になっている。友情もあろうし、反発も、うまく行かないという悩みもあるだろう。しかし、いろいろな感情を体験しながら学んでいくことが、他者と共に生きていくための本質的な学びになるはずだ。知識の習得量に対して点数をつけるのではないタイプの授業が、以前に比べれば増えている。小学校低学年の「生活科」まで合わせれば、小中高の一二年間の中で相当な授業時間数を費やしているのだ。「総合的な学習の時間」そのものは、〇二年実施の指導要領で週に三時間で年間一〇五時間だったのが、一一年からの現行指導要領では週二時間に減った。それでも年間七〇時間やることになっている。

その結果、何が起こっているか。大学生たちと話していると、小学校や中学校での「総合的な学習の時間」で学んだ思い出を熱く語る者が多い。また、大学を休学して地方の町に一年間移住し、実際の体験から自力で学ぼうとする、昔なら考えられなかった行動に出る者も少なくない。「総合的な学習の時間」の導入以前と比べると、子どもたちの「情」的な部分が飛躍的に育っているとわたしは思う。東日本大震災で大きな被害を被った東北では、多くの高校生たちが自分たちの手で復興しよう、なにかできることをしたいという気持ちを持ち、実際に活動もしている。「総合的な学習の時間」として保障された時間のなかで、そうした思いにつながるテーマがしばしば選ばれ、調べ学習の中でさまざまな意見や声が活かされ、自分たちの時代にいま起こっていることへの、その子どもなりの考えが、態度がつくられていく。

東北の被災地の高校生と、震災から二年後の夏休みにこれからについて議論をしたとき、大きな被害を受けた岩手県大槌町の生徒たちは口々にこう言った。

――自分たちの力で、町じゅうに震災前あった笑顔を取り戻したい。

――祭りを自分たちの手で復活させる。

そして復興にかかる時間をこう表現した。

――政府は三年後とか五年後とか言うけど、二〇年はかかると思う。なぜなら、人に頼らず、俺たちが町を再び元気にするからだ。二〇年後、働き盛りで家族も持っているわれわれがやり遂げるんだ。

いずれも、自分がやるんだ、という気概に満ちていた。小学校のとき「総合的な学習の時間」にフィールドワークをして調べた故郷への愛着、中学校の「総合的な学習の時間」で職場体験するなどして地域社会の中でひとりひとりが果たす役割を知った実感、それらが彼らの気持ちの根底にあるのを感じた。

熊本の地震災害でも、まだボランティアを外から受け入れるような状態ではない最初の時点から、自身も被災している地元の中学生や高校生がボランティアの行動を始めていたという。大人も変わってきている。文科省の若手職員でかつて熊本に出向していた者が、災害後「熊本に行かせてほしい」と願いを出し、文科省も土地勘がある職員が行くのはよいことだ、と許可した。災害が起こったときにかつてそこに赴任していた者を派遣するというのは役所の仕事としても理に適っていることなのだが、かつての官庁にも官僚にもその発想はなかった。ようやく「自分で考える」世代が官僚にも出てきた、とわたしは思っている。

一九九五年の阪神大震災の時には、大人はもちろん、高校生などの若者の意識もそこまで柔軟にはなっていなかった。大人の手により経済優先で復興したから、神戸や周辺の街もあいかわらずの、近代の成長時代の開発指向になってしまった。

東北や熊本で起こっていることに対して高校生たちはよく「みんなの笑顔を取り戻したい」と言う。建物をつくりなおすのも大切かもしれないが、情的なものも同じように大切だし、自分たちにできるのはそういうところへの支援ではないかと自然に思っている。震災によって人々の「利」の部分と「情」の部分の両方に被害があった。大人たちはどちらかというと利を回復する、つまり前と同じ経済状態に戻すことが大事だと思う。しかし子どもたちはそうではない。子どもたちが大切に思い、そして自分も何かできるのではないかと考えるのは、生きることの芯になる心の部分であり、情の側面であるようだ。

自分たちでいろいろなことを調べて考えることを重ねてきた結果、子どもたちのなかに育ってきたのは「カネがすべて」という大人たちの価値観など前提にしない考え方だと思う。もちろん、日本の人々の大多数が働いても以前ほどには稼げなくなった世の中への、これからの世代の無意識の心理的適応という面もあるだろう。しかし、同じお金を使うのでも、価値ある使い方をよく考えることで、稼ぐ金の多寡《たか》だけに縛られず楽しい暮らし方をつくっていける可能性を、いま若者たち自身が証明しつつある。

報酬だけではなく、働くことを楽しめる仕事を探す。人のために奉仕することを喜べる。あるいは文化や芸術を楽しめる人になる。その可能性に繋がる教育。それがいまこの国に必要なことだ。そしてこれが「総合的な学習の時間」「学校五日制」で、自分で考える「ゆとり」を持ってもらおうという発想の、根底にあるものなのだ。

子どもたちの親の世代も、それを知る必要がある。昔は「うちには財産がないからせめて教育を残してやりたい」と苦労してでも子どもの学費や塾、予備校費用を捻出しようとしたわけだが、いまや学歴も決定的な安心にはつながらない。ならば何を残すか。「うちには財産がない。だから子どもには経験や体験を残したい」ということになるはずだ。経験や体験とは、お金をかければ質が上がるというものでもない。お父さんといっしょに裏の山に登ってもいいいし、お母さんといっしょに公園の掃除をしてもいい。なんでもいい。それは生きた経験、将来に活きる体験となるはずだ。そのためには大人たちにも時間と心の「ゆとり」は確かに必要だ。親たち、大人たち自身も「カネがすべて」という「現実」に脅かされる度合いをどうにかして減らしていく必要があるだろう。寸暇を惜しんで働いて、塾に通うお金を準備してあげるのだけが子ども思いというものではない。

東大推薦入試

東京大学が二〇一六年度入試から学校推薦制によるアドミッション・オフィス（AO）選抜制を一〇〇人の定員で一部導入した。AO入試とは、アメリカの大学で広く行われている入学者選抜のやり方だ。A.O.（Admissions Office）すなわち「入学管理事務局」を大学内に設け、学校側の求める学生像（アドミッション・ポリシー）を定め対外的に示すところから始まる。出願者の人物像をそのアドミッション・ポリシーに照らして判断し、合否を決めるものである。

ただ、これは特に目新しい話ではない。高校からの推薦制度は国立を含めた多くの大学で昔から行われてきたし、AOという選抜方法も今に始まったものではないのだから。わが国では一九九〇年開設の慶應義塾大学湘南藤沢キャンパス（SFC）が四半世紀以上前にいち早く導入し、多大の成果を挙げている。

すでに一九九九年の中央教育審議会答申では、AO入試が入学者選抜の具体的な改善方法として示されている。国立大学でも、二〇〇〇年度から東北大学、筑波大学、九州大学が導入するなど、八六大学中五五の大学で採用されている。私立だと、慶應大学、早稲田大学をはじめ四六九もの大学が実施している。要は、「あの東大」がＡＯを取り入れたのが騒がれているわけだ。それまで導入の気配も見せなかった東大が宗旨替えした背景には、大学を改革したいという熱意だけでなく、「東大離れ」現象への危機感も作用しているのではないだろうか。

たとえば、中学二年生のときにｉＰｈｏｎｅアプリ「健康計算機」を開発して中学生プログラマーとして脚光を浴び、その後も各方面で活躍して「スーパーＩＴ高校生」と呼ばれた灘高校の「Ｔｅｆｕ（てふ）君」こと張惺《ちょうさとる》さんは、東大を受験せず慶應ＳＦＣのＡＯ入試で入学を決めた。ネット上で、ペーパー試験一発勝負で自分の価値を判断されてはたまらない、とその理由を述べている。ちなみに彼は、一九九五年生まれで二〇〇二年の「ゆとり教育」スタートと同時に小学校に入った自分を「ハイパーゆとり世代」と自称して憚《はばか》らない。

わたしは彼と直接、大学選びについて語り合う機会を得たが、そもそも大学で決められたカリキュラムに沿って学ぶよりも現在社会で広く認められている自分の活動を広げることに意味を感じているということだった。それでも大学に行くとしたら、プログラミングやデザイン、プロデュース活動など高校で勉強以外にやってきたいろいろなことを評価の対象にしてくれ、勉強だけの学生生活でなくコンピュータ・サイエンスもアートもデザインも何でもできるＳＦＣの方が魅力的なのだと語ってくれた。

型にはめられそうな東大より、自主性を発揮できるＳＦＣを学びの場として選んだということである。Ｔｅｆｕ君だけではない。わたしの周囲にいる高校時代から活発に社会活動をしている子たちの中にも、東大ではなくＡＯ入試の私立を志望する者が大勢いる。そういえば、高校生起業家として有名になり注目を集めた「うめけん」こと梅崎健理さんも、東大でなくＳＦＣに在学中だ。

彼らは、センター試験の点数を一点でも余計に稼ぐための勉強にのみ励む高校生活を送ったりしていない。自分のやりたいことを見つけ、それに向かってまっしぐらに努力した結果で、大人も顔負けの成果を挙げてきた。東大に入るためにペーパー試験をクリアーするために使う時間や労力は、無駄なものにしか思えないのだろう。このままでは、独創的な才能を持った高校生には忌避され、東大は偏差値秀才ばかりの大学になってしまう、そんな危機感を持つのは、むしろ正常な感覚だといえよう。

前記九九年、中央教育審議会答申は大学側が明確なアドミッション・ポリシーを示すことを求めているが、今回の推薦制ＡＯ入試予告発表では、「東京大学推薦入試のアドミッション・ポリシー」が初めて明確にされた。その中では、「入学試験の得点だけを意識した、視野の狭い受験勉強にのみ意を注ぐ人よりも、学校の授業の内外で、自らの興味・関心を生かして幅広く学び、その過程で見出されるに違いない諸問題を関連づける広い視野、あるいは自らの問題意識を掘り下げて追究するための深い洞察力を真剣に獲得しようとする人を東京大学は歓迎します」とまで、きっぱり宣言している。一般入試を受ける「入学試験の得点だけを意識した、視野の狭い受験勉強にのみ意を注ぐ人」が気を悪くするのではないかと心配してしまうほどだ。

なるほど、東大側の覚悟のほどはわかった。真剣に、新しいタイプの学生を求め彼らを育てていこうという気持を固めているようであり、いいことだと思う。ただ、それがすんなり実現するかというと、かなり厳しい障害があるように感じる。

まず、選抜方法の問題。このAO入試は、書類審査や面接だけでなく、センター試験の受験を要件としている。文系は五教科または六教科で八科目、理系は五教科七科目を受験した上で、「概ね八割以上の得点」を要求されるのだ。これでは、「入学試験の得点だけを意識した、視野の狭い受験勉強」にも目を向けなければならなくなる場合があるのではないか。

また、合格発表がセンター試験後の二月になるために、不合格の可能性を考えて他大学を滑り止め受験しなければならない受験生も少なくないだろう。これでは、AO入試の長所である早期に入学が決まることのメリットが得られない。一般的なAO入試は秋の段階で合格発表があり、そこから卒業までの期間は「自らの興味・関心を生かして幅広く学」ぶために活用できる。SFCなど多くの大学が合格者に課す入学前学習課題は、四月からすぐに大学での学びを活発に展開できるようにする効果を生むものだが、二月ではそれもほとんど出せない。

出願が高校の校長の推薦を条件とし、各学校男女一名ずつ（男子校、女子高は一名だけ）に限っているのも感心しない。才能ある生徒が多数いる学校の場合や、校長が生徒の真の力に気づかない場合には、本来受験すべき者が機会を奪われる可能性がある。受験者を絞るのは、夥しい数が押しかけて試験事務を厖大なものにしてしまうのを恐れての措置だろうが、ここは他大学同様、個人の意思で受験できるようにすべきだ。

入試制度の運用も心配だ。ＡＯ入試が始まると、必ずや、面接の公平性についての批判が出てくる。点数化されたペーパーテストでなく面接による主観判定で合否を決めるわけで、不合格者の不満もあるだろう。それはどこの大学のＡＯ入試でも同じなのだが、東大となると格別だ。

実際、京大などほとんどの大学医学部入試に課されている面接が、東大にはない。ちょうどわたしが文部省（当時）医学教育課長をしていた九〇年代半ば、コミュニケーション能力や医師になる使命感が著しく欠ける学生が多発したために、学力に加え面接でそれらの点を観るという考えが広まり、東大でも一旦は導入した。しかし、結局公平性批判に押されて廃止されてしまった歴史がある。

九九年の中央教育審議会答申では、「『公平』の概念の多元化」が強調され、「いわゆる一点差刻みの客観的公平のみに固執することは問題である」として選抜方法の多様化、評価尺度の多元化の意義を社会全体が認めてほしいと訴えている。審議会担当課長としてその元となる議論をつぶさに聞いていたわたしの印象では、入試において「公正」は絶対的条件だが、「公平」については過度にこだわる必要はないとの趣旨だった。でも、それが東大ということになると簡単ではなさそうだ。

加えて入学後の問題もある。大学が学生を選ぶだけでなく、学生が大学を選ぶという観点からすれば、大学側は魅力ある授業を提供しなければ優秀な学生を集めることはできない。東大法学部で行われている大教室での三〇〇人一斉授業など、果たしてＡＯ入試組を満足させることができるだろうか。なにしろ、わたしが在学していた四十数年前と同じ授業形式なのだから、驚いてしまう。

今回の東大の推薦入試がうまくいくためには、これらの深刻な課題を乗り越えることが不可欠だ。相当に難しい。でも、関係者の努力で乗り越えることに成功すれば、東京大学は大きく生まれ変わるだろう。そこが分かれ目なのである。

第2章　国民統制をはかる政権、どうする？官僚

全国学力テスト

小・中学生の「全国学力テスト」が、二〇〇七年から全員対象の調査を復活させた。「学力テスト」と巷間で呼ばれるが正しくは「全国学力・学習状況調査」。選抜のためのテストではなく「調査」だから統計学的には全員に受けさせる必要はまったくない。サンプル調査ならば費用も少なく済む。文部科学省としては、三〇〇〇人を対象とする抽出調査で十分と考え、その形で毎年実施していた。

だが「学力低下」が騒がれる中で、「全員・全学校を対象にするテスト」として、これを学校間・地域間の競争に利用しようとする人たちが現れる。かつて、テストの点数をめぐるそれらの競争が過熱して子どもたちが消耗し、これは問題だ、ということで一九六四年に全員調査はやめたは

ずなのだが、また元に戻ったということだ。

それに対する評価・反応はさまざまだった。二〇〇七年の開始時には、愛知県犬山市の教育委員会はこの調査（テスト）への不参加を決めた。一方で、例えば経済史学者で静岡県知事の川勝平太氏などは、この「テスト」の成績上位の学校の校長名を「独断で」公表し、成績下位の校長たちにプレッシャーをかけた。

一方、再度全員調査を導入した当時の中山成彬文部科学大臣（小泉内閣）は、その年の調査結果を受け、その意義について「日教組の強いところは学力が低いのではないかと思ったからやったので、その証明が完了した以上、調査の役割は終わった」というとんでもない放言をした。もちろんこの発言内容には事実の根拠はまるでない。

教育行政に責任を持つ各地の教育委員会は、順位がつけられることにより競争が煽られることを恐れ、その結果公表には慎重な姿勢をとるところが多い。にもかかわらず、知事や市町村長が公表や順位づけを迫る。要するに政治家は目先の成果を追い、自分のところの見栄を気にしているわけだ。さすがに、下村文部科学大臣（当時）も、調査の目的とは違うのだからと川勝知事の行動を諫《いさ》めた。

川勝平太氏は学者としては業績を評価されているが、結局あのような立場の人たちは「知の独占」という考え方から抜け切れていないのだと感じる。知の独占によって利益を得てきて、これからも利益を得るであろう既得権者が「もっと競争を」とか「平等ではなく成果主義で」などと言う。有名大学の正規教員の立場にいる人たちにも、そうした論者が多い。いままでの制度・方式・考え方で勝ち抜いた人たちで、その競争が過度に激化しても自分たちはもう安泰な立場にいる人たちだから、おしなべてそういう考え方になるのだろうか。

「ゆとり」教育を批判している人で目立つのも、ほぼ全員が大学の正規教員だ。政治家も学者も、その他の学力テスト成績公表論者たちも、現在の子どもたち全体のことは実はぜんぜん考えていない。テストの成績は劣っていても学ぶ意欲を持ち、少しでも向上しようと努力している子どもたちに対しては想いが及んでいない。自分たちの考えや分析こそが正しい、優れているという主張があるだけだ。

「ゆとり」も生涯学習も、知の独占から知の共有へという流れにある。それを踏まえてわたしは役人としての仕事をした。自分自身にも問うて、これからの社会はそうなるのがいいと心から思えた。だから役人としてのわたしは幸福で、いくらでも頑張れた。

とは言っても、先ほどの家永教科書の歴史観ではないが「民衆の知恵こそが最終的に歴史をつくり社会を守る」というほど国民みんなの考えが深いと楽観もできない。ただ、「みんな」だって変わりうる、近代が終わったなら終わったで、これまでとは異なる意味で「進歩」していけるのだと思っていなければ、教育行政にやり甲斐は持てなかっただろう。

いま、政権が憲法を変えたがっているのに対して「憲法は権力者を縛るためにある」という至極正しい見方も国民にある程度拡がってきている。しかし実は、いまの憲法には国民全体の世論というものを無条件に信頼などしない、という知恵も入っている。「みんな」の考えは浮わついて移ろうことがありうるのだ、と起草者たちはわかっていたのだろう。

憲法96条は、改憲の発議には総議員の三分の二の賛成が必要で、国民投票において二分の一以上の賛成を得なければならないと規定する。政権は改憲が難しすぎると主張し、三分の二では厳しすぎる、二分の一でいいのではないかと言ってみたりもした。しかし、一選挙区から議員一人ずつを選出するいまのような衆議院小選挙区制では、当選に結びつかない死に票が多くなって、結果として得票率でみればそれほど高くないのに過半数を取る政権ができてしまうことがあると言われてきたし、現にそうなってしまっている。「一票の格差」も併せ、「一人一票」という原則からすれば実は国民の多数を代表しているとは言えない政権が成立しているのだ。

その下で、隣の国が攻めてくるんじゃないか、隣の国がこんなこともした、あんなこともしたと騒ぐ。ネットでは無責任な未確認情報が跋扈《ばっこ》し、その上マスコミも一緒になって煽るのだから、存外簡単に危険な方向に走ってしまいかねないのは当たり前だ。中国憎し、韓国が気に入らない、北朝鮮が危険なことばかりする、といった一方的な感情に、投票者の二分の一が陥るくらいはありうるかもしれない。過去の戦争においても、そういう単純な敵対心と、手の込んだ誘導や取り締まりや「気分」が波を重ねるようにして、とんでもない破局を招いてしまったことも、歴史の事実だ。最近ではイギリスのEU離脱国民投票で実際起きた、有権者の投票行動を見るがよい。

そういうことも考えての「総議員の三分の二の賛成」という発議のハードルだったのだとわた

しは思っている。国民は必ずしも常に賢明であるとは限らない、平和への希求が弱まる時代もまたあるかもしれないということまで含み込んで、いまの憲法はそう簡単には変えられないように設計されたのだ、という見方もできる。だがそこがいま、決壊しようとしている。

国民投票となった時、イギリスと同じような後悔をすることにならないだろうか。さまざまな情報を集めて選び、選択の仕方を自分で考え、他者とも話し合ってさらによく考える。そういう有権者が生まれる前提としての学びを、わたしたちは用意してこられただろうか？　二〇一六年から「一八歳選挙権」が導入され、高校生でも投票できるようになったのを機会に、改めて考えてみたい。

歴史教科書問題

「ゆとり」をめぐっては「学力」がテーマとなり、算数・数学や理科の教科書の内容や分量が主に問題になったわけだが、以前もいまも別の側面で紛糾《ふんきゅう》の種になるのが歴史教科書の記述だ。

考えてみれば奇妙な現象だ。日本史の教科書で近現代の記述が薄くても「学力低下」とは言われないのに、数学や理科だと「これを教えないとは！」とすぐ文句が飛んでくる。日本はこれからも科学技術立国なのだから、子どもたちの科学の知識は他国を凌《しの》いでいないと困るということなのだろうか。

竹島や南沙諸島をめぐって韓国や中国との見解の違いがあらためてのっぴきならなくなり、それを教科書にどう記述するかでもめているのが現在。相手がかつて併合したり占領下に置いたこともある国々なので、領土の問題には「歴史認識」が絡んでくる。

歴史教科書問題と言えば、わたしたちの世代にとっては「家永教科書訴訟」の記憶が大きい。東京教育大学（当時）の家永三郎氏らが執筆した高校教科書「新日本史」が文部省による検定で不合格とされた。一九六二年のことである。

家永氏は、教科書検定が憲法21条二項の「検閲は、これをしてはならない」に違反するとして一九六五年に提訴した。提訴は三次にわたり、一九九七年の最高裁での家永氏側の敗訴まで続いた。

わたしが文部省に入ったのは一九七五年で、第一次訴訟の二審（東京高裁）の最中だった。役所に入るまでは、教科書の一字一句に指導を入れるなんて文部省はめちゃめちゃなことをしてるんじゃないのかと思っていた。だが文部省の人間になって、機会があって家永氏らの「新日本史」の最初の原稿本を見ると、これはいくらなんでもひどいな、と思った。

右寄りの人たちの一部が使う「自虐史観」という言葉は粗略《そりゃく》にすぎるので好まないが、家永本の記述もまた主観的な歴史観、というのか、願望と歴史解釈が混然としていて、やはり戦後のある時代の「左寄り」の思潮を強烈に反映している。「民衆が主役」という歴史観ですべての史実を説明するのには無理があったと思う。また、この訴訟には学者になった家永氏と、同じ東京帝大国史学科出身だった教科書調査官との個人的確執の産物という側面があるのが、直《じか》に担当してよく分かった。検定の手続き論と「検定とは何か」という本質論が混同されていて、個人レベルの泥仕合という要素があると感じた。

なぜ個人的確執が起こるかというと、教科書調査官なるものの裁量権が大きすぎるからではないかとわたしは考えた。家永氏側の主張もあまりに主観的だと思ったが、役所側で公務員の立場で仕事をしているはずの教科書調査官の指摘もいちいち嫌がらせめいているというか、行政の執行に徹せず感情が混入していると感じた。役人が個人的感情で動いてはいけない。

最終的には最高裁において家永側の敗訴となるのだが、この裁判を通して文部省側がまったく反省しなかったかというとそうではない。教科書検定についても、個人プレイなどではなく法が定めたルールに基づいて進めなければいけないことが確認されたのは大きい。その点で「家永訴訟」はやはり時代に必要な大きな役割を果たしたと言える。学校教育法に基づき教科書検定制度が始まった頃は、専門家で学識のある教科書調査官が神様のようにふるまい、かなり恣意的に運用していた部分があったのは否めない。東京高裁のいわゆる「畔上判決」では「一貫性、安定性を欠く気ままに出た行政行為」とさえ判定された。この判決が出た後、文部省としては、法的にきちんとやりましょうという考えになっていった。七七年には、教科用図書検定基準および検定規則が整備され、若き日のわたしはその仕事を担当している。ところが、そうしたやり方で検定を行ってみると、今度は国会議員たちが「教科書が左傾化している」と騒ぎ出した。

民衆が主役であるという史観を貫徹させようとする家永教科書に対して、正反対の史観を持つ教科書調査官が、かなり強引な検定をした。そういうやり方をやめて、左右どちらにも振れない真ん中を基準にした客観的なやり方でやったら、政府に反対するデモの写真なども、当然教科書に載ることになる。デモが現代史において重要な意味を持った時も事実あったのだから。すると自民党や民社党の議員が騒いで、教科書検定は緩すぎると言い出した。

このように役人のやる仕事には、常に政治の介入がある。今の安倍政権がやろうとしているのも明らかに「政治主導」という名の政治介入なのだが、それに対して文科省の役人たちがどのように対応していると、皆さんには見えるだろうか？

教育に政治が介入するのは極めて特別なものに限られるべき

ただ、政治が教育に介入せざるを得ない場合もないわけではない。

一九八一年に文部省が行った教科書検定で、中国などへの「侵略」が「進出」と書き換えさせられたという報道が翌八二年になってマスコミ各社で一斉に報じられ、国際的な大問題となった。この報道そのものは語句などの事実関係において結局誤報だったのだが、報道された当座、中国政府は強硬に抗議し、韓国政府も記述の是正要求を行った。また、北朝鮮やソ連までもが非難を表明する。

この混乱を収拾し、外交上の深刻な問題を解決するため、八二年八月二四日に「『歴史教科書』に関する宮澤喜一内閣官房長官談話」が出された。鈴木善幸内閣の時である。その第一項は「日本政府及び日本国民は、過去において、我が国の行為が韓国・中国を含むアジアの国々の国民に多大の苦痛と損害を与えたことを深く自覚し、このようなことを二度と繰り返してはならないとの反省と決意の上に立って平和国家としての道を歩んできた」とし、「韓国については、昭和四十年の日韓共同コミニュニケの中において『過去の関係は遺憾であって深く反省している』との認識を、中国については日中共同声明において『過去において日本国が戦争を通じて中国国民に重大な損害を与えたことの責任を痛感し、深く反省する』との認識を述べた」と明記し、さらに「現在においてもこの認識にはいささかの変化もない」と念押しした。

そのうえで第二項で「このような日韓共同コミュニケ、日中共同声明の精神は我が国の学校教育、教科書の検定にあたっても、当然、尊重されるべきものであるが、今日、韓国、中国等より、こうした点に関する我が国教科書の記述について批判が寄せられている。我が国としては、アジアの近隣諸国との友好、親善を進める上でこれらの批判に十分に耳を傾け、政府の責任において是正する」とし、第三項では「このため、今後の教科書検定に際しては、教科用図書検定調査審議会の議を経て検定基準を改め、前記の趣旨が十分実現するよう配慮する」と明言している。

「近隣諸国条項」と呼ばれる。複雑なかかわりのあるお隣の国民にもっと配慮しなさいと、政治が圧力をかけ、方向を示したのだ。

当時、若き文部官僚だったわたしは、教科書検定に政治が介入すべきでないと反発したものだ。しかし、今考えると中国や韓国とのよりよい関係を作っていくために、外交上の配慮が必要だったのかもしれないと思う。

ただ、これはあくまで緊急に是正が必要な特別の事例である。外交上の極めて重要な問題など、国民の安全や利益を守るためのぎりぎりの政治的判断が必要な特別の場合に限られ、時の政権の一方的な恣意《しい》に基づくものであってはならない。

二〇一六年の参院選の前に自民党がホームページで学校における有権者教育の場で「偏向」授業が行われていないか、「密告」を募るような呼びかけをした。これは政権与党として極めて軽率であり、危険な考え方である。

選挙で投票した結果として政権を選ぶとき、ほとんどの人は個々人のものの考え方、教育のあり方まで政府に決めてくれとは思っていないだろう。全てを委任したわけではない。教科書の選び方、教員の個別の発言にまで政権や自治体の首長が自分の好みによって何かと口を出し指示するなどは、明らかに権力の私物化だ。

なかでも教科書への介入に関しては、何度も繰り返し述べているように、「教科書が絶対ではない」「教科書がすべてではない」ということを、しっかり認識しておく必要がある。教科書に「侵略」と書くか「進出」と書くかより、それをどういう形で使って過去のあやまちを子どもたちに伝えるかが重要なのだ。

教科書に何が書いてあるかによって子どもの考え方が左右されると決めつける発想が、根底から違っているとわたしは思う。戦前の国定教科書制であったら、唯一無二の教科書をその内容が絶対のものとして教え込んでいくという前提なので、確かに教科書の中身によって世の中の雰囲気が左右されもしただろう。しかし検定制度になってからは、教科書はいろいろな編集のやり方でいろいろな会社から出せることになっている。検定に合格したものであれば、各学校や採択地区はその中から自由に選べる。かつ選んだからといって、教科書に書いてあることが絶対正しいと教えなければいけないわけでもない。教科書にどう書いてあるかだけが争点になっているのは、どうも出口のない議論だと感じる。

日本国憲法下では、国家のために教育をやるという考え方はまったく成り立たない。憲法を読めばそれは自明だ。それなのに、国家のために教育をやりたがる政治家が出てきて、それを許すまじという勢力が出てきて、左右が争えば争うほど、国家政策で教育が左右できるかのような幻想が振りまかれてしまう。

そうなると「教科書にどう書かれているか」をどちらの勢力も絶対化し、それにこだわりすぎることになっていく。それでは、たとえば日本周辺の地図の表記の問題はどうしたらいいのかという対外的な問題ひとつ取っても、答えが出なくなってくる。日本側は政権として「尖閣について領土問題は存在しない」としている。実際には問題は存在していると普通の感覚では思っても、地理の教科書の地図には「ここの帰属については係争中」とは書けない。尖閣諸島を日本の領土として記述することになる。せめて「尖閣問題は存在しないと日本政府としては主張している」と書ければいいのだが。

同様に、韓国や中国も竹島や尖閣諸島は自国の領土だとする教科書をつくる。これではどうにもならない。

日本は日本政府の主張する地図を教科書に載せるし、韓国や中国はそれぞれまた異なった地図を載せる。竹島は日本領と教科書に書いてあるから日本領になるわけではなく、日本政府が竹島は日本領と主張しているから日本領になっているのだ。その認識の上に立ち、お互いに主張の違いがあることを含めて教えるのが、本来の姿だろう。それこそが、子どもたちに未来を拓く可能性を持たせ得る教え方だとわたしは考える。少なくとも歴史の中でつねに紛争・戦争の種になってきた領土問題というものを、自国の政府の見解に一切疑問はもってはならない事柄のようにして教えるのは問題がある。それは「教育」とは、「国民」とは何なのか、という根本問題にまでつながるテーマだ。

教科書に書いていることだけしか教えてはいけないということは全然ないのだし、歴史や文学といった人文科学において、ものごとの見解がひとつしかないなどというのはほとんどありえないことなのだと、子どもたちに気づいてもらう機会をつくることも重要だろう。

しかし、だからと言って「教科書に書いてあることは間違っている」という自分の個人的主張を教員が子どもに教え込むことは、これまたもちろん好ましくない。ひとつの事柄にいろいろな主張がある、という事実を伝え、なぜ主張がいろいろに異なるのか、と考える道筋を示せば足りる。

教科書で道徳を教えられるわけがない

それでも、道徳の教科化が行われようとしている。教科書で道徳を教えるというのはまったくのところ時代からずれた発想だ。そんなことだから、教材の文章のなかで子どもが入る店が「パン屋」でなく「和菓子屋」にすれば「国や郷土を愛する態度」が育つなどというピント外れの教科書が登場する。

子どもたちは、多様な人々から学ぶ「総合的な学習の時間」や日常生活、体験活動などを通じて、いろいろな世代や立場の違う人たちと接することで人間の道徳心とはなんだろうかということを自分で考えるはずだ。そしてひとつの考え方だけが正しいなんてありえない、と分かってくるはずだ。また、教科書に「お年寄りを大切にしよう」と書いて教え込むより、核家族化して日頃接することの少ない高齢者を直接訪ねて体験談を聞き、その長年の体験の重みを知る方がよほど効果的であるに決まっている。「命の教育」だって、道徳の時間に机上で説くより、産婦人科で生まれたての赤ん坊を見たり、障害を持ちながら懸命に生きている人と接する方がよほどいい。

二〇一七年四月からの正式な教科化が決まるまでの過程において、文部官僚たちは道徳の教科化に密かに抵抗したのではないかとわたしは見ている。もともと政権は、二〇一五年からの教科化を目指していた。少なくとも首相や当時の文部科学大臣はそうしたいと考えていた。

そこで心ある文部官僚が抵抗しうる一点は「教科にするのなら教科書が必要でしょう」ということだ。正式の教科にする以前、すでに二〇〇二年四月から『私たちの道徳』という教材が全国の小・中学校に配られてきた。『私たちの道徳』は文部科学省が作っている本なので、これが教科書だと言ったら国定教科書になってしまう。

道徳の教科化が必ずしも良策ではないと考える文部官僚がいたとしたら、大臣をはじめとする政治家にこういう話を上げていくだろう。「国定教科書ができるとなったら、ものすごい反対運動が起こります」。そして、政権にとってダメージでは？という話に持って行く。

こういう説得の技術は、法律や規則の知識に基づいている。検定教科書が出るのには、手続きの上で最低三年かかる。二〇一四年度から作業を始めたとしても、早くとも二〇一七年度以降でないと正式な教科にはできない。国の作った副読本でしかない『私たちの道徳』に使用義務を付すことはできない。あくまで参考教材として配られたものという位置づけにしないといけない、と。

こうした議論は、左翼の教育学者たちはしないし、できない。学者たちの中には検定教科書自体を否定している人もいるが、それでは政治的なリアリズムに欠ける。理念としてはうなずけても、目の前の性急な動きを緩和することには有効ではない。

検定教科書制度は、今のところ国民の大多数から支持されている制度だと言えるだろう。戦前の国定教科書のようなものは二度と復活させてはならないが、かといって別の極端な政治的方向性を持った教科書ができてしまうのもよくない。そもそも国定教科書をやめて検定制度をつくったのは、当時としては極端な左翼思想の教科書ができないようにするためだった。戦後のある時期にはリアリティをもち得た、「共産主義革命」をストップしなければ、という時代の名残でもある。かつての左翼からすれば反対、となるのはある意味当然だが、行政としては、国の体制を根本から転覆しようとするような教育をする教科書が出てこないようにした。社会の基盤を安定させる装置としての制度を考えるのは、行政官として当たり前のことだ。

先日、教科書問題で大学生からインタビューを受けたときのこと。彼女は、育鵬社の教科書と学び舎《や》の教科書を両方読んでみて、天と地ほど違いがあるのにびっくりしたという。現行の検定制度は、それくらいの幅を持って運用されている。明白な虚偽や扇動的表現は除去するが、歴史の見方についてどちらかに偏って検定しているわけではない。

制度に対する反対派にリアリティがない、というのはしばしばあることだ。昔で言う左翼的な考えの人たちのなかには「育鵬社の教科書のようなひどいものは検定で落とせ」と平気で考え、言う人がいる。

わたし自身は当初、これまでの状況から見て育鵬社のような教科書が生き残るとは思わなかったが、現にかなりの数の採択を得ており、これからもシェアは増えていくだろうという状況にある。もし教育委員会制度が首長の思い通りになるようにしたら、相当な蓋然性を持ってそちらの方向に変わって行くかもしれない。しかしそれを「検定で止めろ」という考えは間違いだ。それだと一方で「学び舎の教科書は落とせ」という声が出る。あくまで採択の場で争わなければ、検定の幅が狭くなってしまって多様性が担保できなくなる。

それらの前提があるとしても、わたしは道徳の教科化も検定教科書も必要ないと思う。教科としての道徳など作るより、その一時間分を「総合的な学習の時間」に使って「総合」を週三時間に戻せば良い。総合は、みんなで考えたり調べたり、しかもテーマは自由に設定できるから、人としての基本的な考え方を学ぶ場に充分なりうる。副教材として本でも、ニュースでも、いろんなものを使っていけばいい。それこそ活きた道徳を子どもたちと教員とで、考え議論していけるはずだ。

そのことは文部官僚たちも実はわかっているはずだ。道徳を教科化するのは止められないとしても、「考え、議論する道徳」というスローガンを用意して、一方的な押しつけにならないようちゃんと歯止めをかけている。

「教育勅語」

二〇一七年春、「森友学園問題」がメディアを賑わせた。学校予定地が破格の安値で払い下げられた疑惑や、首相夫人の関与などについて録音などの新証拠もあり、不透明な印象は深まるばかりだ。森友学園の籠池前理事長夫妻は逮捕され司直の手に委ねられたが、問題の本筋については、さらに国会あるいは検察の手で、徹底的に解明する必要があろう。

その重大疑惑とは別に、もうひとつの重要な問題を見過ごすわけにはいかない。森友学園の経営する幼稚園で園児たちが暗唱させられていた教育勅語についてである。運動会で「安倍首相がんばれ」と唱和させられていたことの方がセンセーショナルに報じられ、教育基本法一四条で禁じられた政治的活動に当たるかどうかが国会議論になったが、そんなことより教育勅語の方がはるかに深刻だ。

教育勅語は、大日本帝国憲法が施行される一月前の一八九〇年一〇月に発布された、旧憲法下の教育方針を定めた文書である。これによれば、国民は天皇の「臣民」として、「父母に孝に（父母に孝行をつくし）兄弟に友に（兄弟姉妹仲よくし）夫婦相和し（夫婦互に睦び合い）」……といった具合に、生き方を定められる。それだけでなく、「一旦緩急あれば義勇公に奉じ以て天壌無窮の皇運を扶翼すべし（万一危急の大事が起こったならば、大義に基づいて勇気をふるい一身を捧げて皇室国家のためにつくせ）」と命じられているのである。

それゆえ、新憲法下で教育基本法が施行されてから衆参両院で排除、失効が決議された。そんなものを学校教育の場である幼稚園で暗唱させること自体、日本国憲法にも教育基本法にも違反するのは明々白々ではないか。

ところが、国会論戦での政府答弁は曖昧に終始する。中曽根康弘内閣時代の八三年に、保守中の保守と言われていた瀬戸山三男大臣でさえはっきり法律違反と答弁し完全否定していたことに、現政権は答弁書において「わが国の教育の唯一の根本とするような指導」の場合には不適切だと留保条件を付けた。では「唯一の根本」でなく、いくつかの根本のうちのひとつとして指導するなら、使っていいのか。国会で排除、失効を決議された教育勅語を根本とする指導など、一切許されてはならない。

メディアも情けない。閣議決定による答弁書のいまわたしが指摘した肝心な部分よりも、後段の「憲法や教育基本法等に反しないような形で教材として用いることまでは否定されることではない」の方をクローズアップして、さも教育勅語が教材になること自体が大変だというような報道を流す。教材として使うのは当たり前だ。歴史の授業では既に教科書にも載っているし、道徳で「昔は天皇の言葉だといって上から押しつけていました。今は皆で議論して何が持つべき共通認識かを考えましょう」というふうに「反面教師」的に使うのもいい。

なのにいつの間にか論点がずれて、「憲法や教育基本法等に反しないような形で」とはどういう場合かという話になり、まるでそれが「教師や学校長の判断による」かのように言われている。とんでもない。教育勅語はそれ自体が「憲法や教育基本法等に反し」た存在なのだから、歴史か「反面教師」以外あり得ないではないか。

ところが、義家弘介文部科学副大臣（当時）のように、森友学園の幼稚園について問われたのに対し「教科書に載っている教育勅語の朗唱をするのは問題のない行為」と強弁する者まで出てくる有様だ。教育勅語が教科書に載るとすれば歴史しかあり得ず、もし道徳の教材に使われるとしても「反面教師」なのだから全員で唱和など論外ではないか。八三年の瀬戸山大臣答弁は、私立高校における学校行事の際の朗読を否定したものなのである。まして意味すら理解していない幼稚園児に暗唱させ唱和させるとは。

野党が国会で質問したり質問主意書を出したりするうち、いつの間にやら教育勅語が許されるものであるかのように答弁や閣議決定で既成事実化されてしまいつつある。教育勅語否定は戦後日本の常識だった。それが今、覆されようとしている。「教育勅語を教材にするなんてとんでもない！」といきり立って全否定しているだけでは止められない。どんな場合に教材にしていいのかを含め、冷静かつ論理的にこの問題を考えることが何より必要だと思う。

また、二〇一八年度から小学校、一九年度から中学校で「特別な教科」としてスタートする道徳との関係も注視する必要がある。そのこともあり、雑誌「正論」で、安倍政権の教育ブレーンの中心であり道徳教科化を強力に推進した八木秀次さん（麗澤大学教授）と対談した（『正論』一七年六月号「激突対談　是か非か教育勅語」寺脇研・八木秀次）。

安倍政権がやっていることは政治主導と言いながら、首尾が一貫していない面が多い。教育勅語なんか今頃持ち出されたらたまらん、と八木さんは苛立っていた。つまり彼らの戦略として、次の年から道徳を正式な教科にして教科書もつくって、という矢先に森友が騒がれて、非常に困惑した様子だった。今さら教育勅語なんていう話が出たら、道徳というものに対するアレルギーが出てくるんじゃないかという困惑だろう。

せっかく「考え、議論する道徳」というキャッチフレーズをつくって、考える道徳、議論する道徳をやろうとしている時に、教育勅語はというと「考え、議論する」という余地などまったくなくて、それをそのままやりなさいといわんばかりなのだから。

この教育勅語騒ぎも含め、いま教育論として重要なのは、来春から行なわれる「特別な教科」道徳が一体どういうふうにスタートしていくのかである。道徳の教科書を使うとしても、教科書はあくまで教科書に過ぎない。「教科書を」教えるのでなく「教科書で」教えるわけで、現場で実際にどういうふうに「考え議論する」授業をやるのかということこそ重要なのである。そこを、われわれも注視していかねばならない。

子どもたちも若者もよくなっている

多くの人がいまの子どもは昔より悪くなっていると言うが、本当だろうか？ 社会的な善とか道徳を語る人はしばしば、体験に基づかない自分の思い込みだけでものごとを決めつけるが、ちゃんと調査してみるべきだ。たとえば二〇年前の子どもと今の子どもと、社会への対しかたがどう違うのか。学力テストも結構だけれど、そういう調査もすればよい。全国一斉でなくても、抽出サンプル調査でかまわない。民間がやってもいい。

二〇年前と比べると、いまの子どもはたとえば、明らかに年寄りへの敬意を持っているのではないか。これはわたしの生活感覚だが、二〇年くらい前には子どもや若者に不愉快な思いをさせられることは日常茶飯事だった。子どもや若者はある意味野蛮で、よく言えば活力に満ちていた。けれどいまはそういうことが少ない。電車に乗っていて騒ぐ子どもや若者に嫌な思いをさせられることがほとんどなくなった。バブルの頃は本当に不快だった。いま、わたしの見る限り高校生たちはあの頃に比べ礼儀正しくて、口の利き方もちゃんとしている。少なくとも社会の安定を求める保守的勢力から批判される方向には行っていない。

ただ、わたしが日常つきあっている高校生たちはそうでも、社会が二極化しているから、高校生たちの雰囲気も二極化しているのかもしれない。学力でいうと高い子と、そうでない子、あるいは家庭環境が良好な子と、恵まれていない子。だが、さまざまなタイプの子どもたちが、何らかの形で社会的活動に参加しようとしているのは確かだ。

以前は、「できる子」はあまり実際の社会的活動には参加してこなかった。勉強も忙しいし、わが身の利得だけ考えれば良いというところがあった。近代、特に戦後に形成された日本の金持ち、エリート層は、人のために金や能力を使うという考え方が伝統的に欠けていたから、そうなったのかもしれない。

いまの世代は違う。社会問題について考えようという集まりに受験名門校の子がぞろぞろ来る。一方で、就職組がほとんどの公立高校から来る子もいる。その状況は面白い。

自分が何不自由なくても社会の矛盾に目覚めて立ち上がるのは、いままでの時代にもあったパターンとしてよくわかる。ロシア革命の前の「ナロードニキ」(「民衆の中へ」というインテリの運動)が典型的で、金持ちの家に生まれて、働く必要もなく、それが後ろめたいからこそ大衆運動に入っていく、ということが学園紛争時代の日本にもあった。いまの状況はそれとも異なる。高校生たちと話していると、金持ちの子もバイトでかつかつに食っている子もいるのが分かるのだが、彼ら彼女らの間に、経済状況の差に起因するわだかまりというものがないのは、ちょっと驚くほどだ。

わたしの育ってきた時代には、同じ学生でも苦学しながら通っている者と金持ちの息子や娘とでは、同席していてもなんとなく落ち着かないことがあった。劣等感と優越感が双方に、時には逆転しながら意識されて、居心地悪い感じだった。旧時代からの「家柄の差」といったものがまだ社会的なテーマとして大きかったことの反映だったのだろう。

しかしいまの高校生、大学生たちにはそういう屈折をほとんど感じない。彼らは階層的な利害など軽々と超えて、「情」だけで社会活動の場に来ている。

先だっても、ルームシェアをして暮らしている若い女子学生二人と話す機会があった。二人のうち一方は恵まれた家庭環境に育ち、アルバイトもせずに東京で暮らせている。片や、一日九時間も一〇時間もアルバイトをして自分で授業料を稼ぎながら学んでいる。そんな二人が仲良く同居しているのは、ちょっと昔だったら考えづらい話だろう。同居している理由は、学生ＮＰＯの活動を一緒にやっているから。利ではない情の行動であるボランティア活動で結びついている。

　そんな二人が自然な形で一緒に暮らしているような事態が出てきているのを見て、わたしは思う。若い人たちの、「情」の部分が育ってきているのだ。道徳、道徳と言わなくとも、昔に比べて確実にそうなっている。若者がデモに参加する率は下がっていても、ボランティアなどの社会活動に参加する数は圧倒的に増えている。

　健全な社会的共通認識が大事だと政治家が思うことは、必ずしも悪いことではない。要はそれを「道徳」と呼ぶのかどうかである。わたしに言わせれば道徳の根底は情だ。情の部分を伸ばす時間を学校でも増やそうということならば、悪いことではない。だが「道徳」教科書の記述や教科書の位置づけが、戦前の「修身」のような国定教科書的状況、ましてや教育勅語礼賛になることは断固阻止しないといけない。若い人たちの「情」を、国策に動員するという考えが忍び込むのは防がなければならない。

　しかし、「道徳」の教科化は既定の事実だ。決まってしまった以上柔軟に考えて無害化し、むしろよく活かす道を探るのがいいのではないだろうか。教科化されるということはその教科書も検定教科書になるということだから、制度としては自由に道徳教科書を編集することができる。政府がもし「二宮金次郎」などを偉人伝として相変わらず推奨するとしても、それぞれの教科書では違う生き方、異なる価値を提示すればよい。「国境なき医師団」の活動とか、マハトマ・ガンディーとか、いまの子どもや若者たちにも訴える生き方のモデルが、世界から、歴史から、たくさん見つかるはずだ。

道徳の教科化絶対反対、それは戦前の「修身」に戻る道だ、と指弾するだけでは状況は変わらない。事態はそこまで来ている。その時、文部官僚には何ができるか？　文科省の仕事は、個人の思いだけでではなく官僚組織がやることだからリアリズムが前提になっている。そうでないと上司も同僚も部下も動かない。リアリズムを前提にしながら、近代が終わった後の人々の生き方を、どう「自分」がよいと思う方向に向けていくか。それがこの仕事に関わる個々の官僚の考えるべきことだろう。

二宮金次郎は戦前に、勤勉さ、刻苦勉励の象徴に使われた。そういう生き方ばかりを称揚《しょうよう》するのは自由な批判精神を封じることになったのだから駄目だとか、反対の理屈がすぐ出るけれど、虚心《きょしん》に考えてみれば二宮金次郎も教材としては面白いのではないか。そう考えてみるのがまさに、教え込もうと形作られる枠を、創造的な学びの場に変えてしまうためのリアリズムだ。

たとえば、二宮金次郎は農本主義を実践していたことを思い出せばいい。農本主義は思い上がった排外的愛国心ではなく、篤実《とくじつ》な愛郷心につながる。彼がいま生きていたら、農産物貿易全面自由化など国を滅ぼすことでしかない、と反対するのではないか。二宮金次郎だったらＴＰＰをどう考えるか。二宮金次郎だったら、いまの農業をどう見直そうとするだろうか。二宮金次郎が実際にどういうことを語ったか、どこに行ったかといった調べ学習をしていき、彼の思想を今に活かし、個人と社会の生き方を「総合的な学習の時間」のなかで考える、といったことは十分あり得る。

「こうしなければいけない」という決めつけを教科書や教師がやらない限りは、道徳の時間が増えることに対する子どもたちの拒否反応は、おそらくないだろう。いまの子どもたちは、自分たちの生き方をもっと考えたいと思っているはずだ。実際それを考えないと、これからの世界を肯定的に生きることはできない。

「八重山教科書問題」

検定に合格した教科書を自由に選べるのだから、と制度の良い面を書いてきたが、制度の欠陥についても書かなければならない。

先年、教科書を選ぶ自由をめぐる問題が発生した。「八重山教科書問題」といまでは呼ばれている。

当時「教科書無償措置法」では、教科書の採択地区は市郡単位で構成されることになっており、沖縄県の石垣市と、八重山郡である竹富町および与那国町は「教科用図書八重山採択地区協議会」としてのまとまりになっていた。一方、地方教育行政の組織および運営に関する法律（地教行法）によれば、市町村教委はもともとそれぞれ独立して、教科書の採択に関与できることになっている。

竹富町の教員や教委は、沖縄戦の歴史を多く取り入れ反戦・平和・市民の自由の記述が多い東京書籍の公民教科書を採択しようとしたが、石垣市長は育鵬社の公民教科書に共鳴する国家観の持ち主で、結果的に育鵬社版を推す意見が通ることになった。竹富町としては自由に教科書を選択することができなかったことになるが、二〇一一年に表面化したこの紛争に対し、一時文科省は、教科書無償措置法をタテに、八重山採択地区協議会の三市町村教委に対し育鵬社版を採択するよう、沖縄県教委を経由する形で「指導」した。

結局、翌一二年三月に至って町民や賛同者からの寄付で教科書購入費を得て、竹富町は東京書籍版公民教科書を使用できることになった。文科省の見解は「協議の結果に基づいて採択を行っていない竹富町は国の無償給付の対象にならない。ただし、竹富町が教科書を購入し、生徒に無償給与することまでは法律で禁止されない」というものだった。

わたしは教科書無償制度も担当していたし、検定制度も担当していたから、どんなことが実際起きたのかよくわかっているつもりだ。「無償措置法」に反しているからけしからんと言いつつ「竹富町が教科書を購入し、生徒に無償給与することまでは法律で禁止されない」として教科書無償措置法の限界を示唆し、実質的に竹富町の希望する教科書を使えるようにするという筋道だ。なぜ、右手で殴って左手で救う道をつくっているのか。これも文部官僚の知恵だと思う。この件を通じて、現行の教科書無償措置法が時代遅れのものであることがわかってしまった。

無償措置法ができたのは一九六三年。一九五六年から六一年頃にかけて行われた「昭和の大合併」が終わった時期だ。「昭和の大合併」を通じて市町村数は九千台から三千台にまで減少したが、その時代にはまだ「郡」の存在も大きかった。個々の町村には教科書採択の単位となるほどには力も人材も足りないので、市郡単位で採択地区をつくりなさいという趣旨で法が整備された。それで石垣市、竹富町、与那国町も「教科用図書八重山採択地区協議会」というまとまりとされたというのが経緯だ。

実は教科書の採択事務どころか、日頃の教育事務も小さい町村ではこなしきれない。行政の方針とも呼応しながらの教育事務には、現場の教育を指導する指導主事の力量が重要になる。大きな都市なら教員籍を持つ指導主事を何十人も置いているが、小さい村では指導主事が置けないことさえあった。そのため教科書採択に限らず、教育を受ける権利を保障するためのあらゆることは、地方行政の力を合わせてやっていくシステムだった。県は郡ごとに教育事務所を置き、そこに県から指導主事を派遣して郡の中の学校を見に行き、新採用の教員を育て、現場の先生を指導する。そういう方法で教育の平等性や一貫性を保とうとしてきた。

昭和の大合併の際には、中学校を単独で持てる範囲で自治体を合併するのが大きな目安だった。ちなみに、はるか先立つ一八八八年以来の「明治の大合併」の際には、小学校をそれぞれ持ちうる、三〇〇戸〜五〇〇戸で村を構成することが目途だった。昭和の大合併以降、多くの自治体は中学校を保持できる規模になったのだが、地理的事情や土地の歴史・感情的な事情で、その規模の合併ができなかったところもある。そうした場合への対応も視野に入れ市郡単位の採択を定めたのが教科書無償措置法だった。

現在でも、病院の維持やゴミ処理の仕組みの保持のために自治体を連合する形で作られている一部事務組合という制度があるが、教科用図書採択地区協議会というのも、業務の必要に応じた同様の発想に立っている。

三〇年ほど前、わたしが福岡県教育委員会に課長として行っていたころには、福岡県にも複数の町村が共同して中学校を運営する事務組合立中学校があった。教科書採択制度は、時代と行政単位の変化の中で一市ないしは一郡単位で公平な行政を実現していく目的で運営されてきた。その後さらなる合併で自治体が総じて大規模化していき、郡単位の行政機構はごく少数になっていった。本当はその時点で無償措置法を改正しなければいけなかったのである。

無償措置法自体が時代遅れのものだという意味で、もう一つ大きな問題がある。教科書無償措置法が想定している市・郡という単位は、そもそも島嶼《とうしょ》部・離島の社会的特性を念頭に置いていない。北海道、本州、四国、九州といった本土なら村と村はもともと地続き、隣同士になっている。だから郡という概念も容易にできる。郡はもともと律令制度の郡県制以来の歴史をもつが、琉球王朝時代の沖縄には日本のような郡はなかった。沖縄に郡ができたのは明治政府が廃藩置県で沖縄を県として編入してからで、そのとき郡という単位が人為的に作られた。

中央政府が統治するためには県や郡という単位にまとめるのが都合がよかったわけだが、もともと竹富島と石垣島と与那国島はそれぞれ別の共同体をつくっていたはずで、比較的近い島だから一緒にしろというのは住民にとっては実感の伴わない話だ。

だから、政権の意向で竹富町の教科書独自採択を阻《はば》もうとしたのは、教科書無償措置法の趣旨からは外れる。政治というのは煎じ詰めれば個人や特定の集団の願望や利害を代表するものだが、行政は、あるいは官僚は、国民全員の利害をもとに行動する必要がある。だから役所としての文科省は最初「八重山教科書問題」でも竹富町の教科書採択の自由を結果として保証する見解を出した。法の解釈としても筋が通った。

法律を立法趣旨に反して使うのはよくない

しかし二〇一三年三月一日、義家弘介文部科学大臣政務官が竹富町を訪れ「特別法（無償措置法）は一般法（地教行法）に優先する。竹富町は、国が無償で配布する教科書を使用しない生徒を歴史上初めて生み出してしまった。竹富町が三月三一日までに適切な対応をとらなければ法的な措置も辞さない」と同町教育委員会を直接「指導」した。

これはさすがに乱暴な話であり、正式には二〇一三年一〇月に、教科書無償措置法に違反するとして、沖縄県に対して、地方自治法に基づき竹富町への是正要求をするよう促した。

結局「是正要求」は出されたが、政治家側と文部官僚の考え方は違うはずだ。政治家には育鵬社の教科書を使わせたいという思いがあったのだろう。だから東京書籍版を選んだ竹富町に圧力がかかる方向へと、法を偏頗《へんぱ》に運用する姿勢に変わってしまった。もし逆だったらどうなのか。他の二島が東京書籍版を使おうという時に竹富町だけは育鵬社を使うんだと言ったとしても「けしからん」と言っただろうか。

教科書無償措置法は、市町村が自らの主体性に基づいて使用する教科書を決め、国がそれを子どもたちに無償で確実に配布するために作った法律である。

採択地区を設定するのは小中学校の段階だけである。高校は学校ごとに自由に決めて良い。それどころか三年ごとに採択を行う小中学校と違って毎年採択できるから、結果的に同じ学校で学年ごとに違う出版元の教科書を使っても構わないことになっている。なぜ高校はそうなっているかというと、教科書を国の責任において無償で提供することになっていないからだ。かつては教科書も流通の管理に手数がかかり、四月の新学期に全国津々浦々の小中学校に間違いなく行き渡らせるためにはそれなりの事務的・日程的縛りがあって大変だった。新学期に間に合わなければ国の責任になる。無償配布なのに教科書が届かないというようなことは「法の下の平等」に反するから、あってはならない。ゆえに、一定の規模にまとめて採択しなければならなかったのである。しかし高校段階ではそれぞれの学校が自己責任でやっているから、各学校、各学年単位でも結構だという論理構成になっている。

現在は流通のシステムが昔とはまったく変わっている。ネットで本を買うことも多く、在庫管理もコンピュータで瞬時になされる時代だ。四〇年以上前、わたしが担当だった頃は入学者・進級者は何人、から始まって書類や伝票がたくさん必要で、どこに何日までに何冊と、大勢の人がそろばんではじいて電話で連絡して、という時代だった。無償措置法ができて五〇年以上経って、法の趣旨が実態から乖離《かいり》している。立法の趣旨をよく考えれば、文科大臣が出したような判断ではなく、採択の主体である竹富町に有利な方向に解釈していかなくてはいけない。役人としてはその方が当然だろう。大臣が言う無茶なことをソフトランディングさせるのが官僚の仕事だ。

とはいえ、大臣の判断は尊重せざるを得ない。前述のように二〇一三年一〇月、教科書無償措置法に違反するとして、沖縄県に対して地方自治法に基づき竹富町に対し是正要求をするよう指示した。しかし、沖縄県は地方自治を尊重する立場からこの指示に従わなかった。そこで翌一四年、文部科学省が直接是正要求をしたが、竹富町は応じない。

結局、この年文部科学省は教科書無償措置法を改正して、採択地区を市郡単位から市町村単位に変えることにした。竹富町は晴れて八重山採択地区協議会から離脱し、町独自で採択できる運びとなったのである。この改正は、これまで述べたように市郡単位という考え方が実勢にそぐわない状態になっていたことからすると、当然のものだった。同時に、それまでの法規定だったら違法状態と言わざるを得なかった竹富町を合法状態にするものであり、「是正要求」の必要はなくなるわけだ。「是正要求」に従ってもらえなかった大臣の顔を潰さない結果にもなり、一種の「大岡裁き」の結果となった。私はこれを、文部官僚の出した知恵だと見ていた。事実、当時初等中等教育局長などの職にあった前川喜平前文部科学事務次官は、最近そのことを認めている。

選挙で選ばれたから、何でも決めていいということはない

このケースは、政治家である首長と教育委員会との関係という問題にも直結している。二〇〇八年に就任した橋下徹大阪府知事（当時）など、一部の政治家は首長の権限を強化して教育委員会に対し強い権限を発揮できるようにせよ、と主張してきた。

「八重山教科書問題」当時は、教育施策を決定する最終権限を持つ教育委員長が教育委員の中から互選で選ばれていたとはいえ、そうした空気の中で教育委員会に対する市長の影響力は強まる傾向にあった。石垣市長は右翼的な発言・行動で有名な人物であり、育鵬社の教科書を評価していた。石垣市の教育長や教育委員の人選にも、現実として首長の影響力は及ぶ。なおかつ、竹富・石垣・与那国の中で石垣市は圧倒的に人口規模も、したがって学校の数も多いから、発言力がまったく違うなかで竹富町の選択は「採択地区協議会」の枠組みに埋没させられようとしていたのだ。

首長の権限強化を主張する人の理屈として、首長は選挙で選ばれるので、より直接に民意を反映するというものがある。だが石垣市長は石垣市民から選ばれたのであって、竹富町民はその人に投票していない。それなのに「採択地区」の仕組みによって石垣市長の意向が竹富町の選択権をも左右するというのは、法律の仕組みとしてもおかしなことなのだ。

また、首長が選挙で選ばれるとしても、その時住民は、教育の内容まで決めてくれと考えて投票しているわけではないだろう。選挙で選ばれたからと言って、あらゆることを代表する正統性を与えられたとはとても言えない。国政のレベルで言っても、アベノミクスを評価した人がみな安保法制の根本的転換を支持しているわけではない。

首長と教育委員会の関係は統治の根幹に関わる問題になってくる。例えば極端な排外主義者の首長が誕生したらどうするか。共産主義暴力革命を主張する首長が誕生してしまうことは絶対にないと言えるのか。揺れやすい世論のなか、一人の人物に広範な権限を持たせることが良いことなのか。決定のスピードとか能率が上がるという議論だけで本当にいいのか。

制度を変えようとするとき、みな、自分の都合が良くなるような事例しか想定しない傾向があるのかもしれない。それと逆のケースもあるのだ。教育に関する制度はとくに、簡単には運用が変えられない安定性が必要だと思う。

その後、二〇一五年四月の改正地方教育行政法の施行で、教育委員会制度はすでに変わり始めた。新制度ではこれまでの教育長と教育委員長の権限を合体して一人の教育長で担えるようになり、それを首長が任命する。この措置で起こる変化を注視していく必要がある。

本来、もっと民意を反映させるべきだと言うのだったら、教育委員を公選制にすればいいだけのことだ。

だが「民意」「住民の総意」がいつも信頼できるのか、ともわたしは疑う。全員の意見を足せばつねに正しい答えが得られる、ということ自体が無理のある仮定だ。

たとえばクラスに障碍《しょうがい》を持つ子がいたとする。一方にテストの点や進学が一番重要だと考えるような親たちが幾人かいたとする。「あの子がいるから勉強が遅れる」「テストの平均点に影響して学校の順位が下がる」と全員で採決して「できない」子を排除するというのがもし多数派だったら、どうするのか。

そのとき学校関係者は、原則に従って行動しなければならないと思う。つまり、多数意見であろうと迎合せず、法の支配を貫く。そうした立場があるからこそ、社会は少しずつでも前進してこられた。法律で定めあるいは条約で採択された人権的価値について、後退が起こる可能性をかなりの部分防止してきた。

さきほど「民意を重視するなら公選制」と書いたのは、もし現行の「多数決民主主義を貫くならば」というだけの話だ。本来、教育は、多数派の形成する民意に必ずしもなじまないものだとさえ言えるだろう。なぜなら教育の恩恵を受けるのは投票権を有していない子どもたちだからだ。投票だけが民意を測る手段なら、そこに子どもたちの民意は入らない。教育とは未来に向かう話。現在の民意だけに委ねることは適切でない。そのときの民意が持つ空気を優先するあまり教育の場が極端な軍国教育などの誤った方向に向かった時代もあった。それはこれからも起こりうる。

人間同士のコンビネーションあっての教育行政

制度がよく考えられて作られていることは前提として大事だが、現場においては、やはりそこで人間同士のコンビネーションが重要になる局面もある。一九九三年、四一歳の時、わたしは広島県の教育長として赴任した。それ以前の広島県知事は、政権与党・野党含めいくつもの政党の相乗りで選ばれており、結果、日教組などの組合の教育の場での行きすぎた政治活動も容認していた。その知事から自民党が単独で支持する知事に代わったところへ、わたしが着任することになったのである。

地元にしがらみのない国の官僚を教育長にもってきて、法律を楯に正しく行政をやらなければいけないというので、わたしが呼ばれて行ったわけだが、文部省のやることはぜんぶ間違いであり弾圧だ、と受けとめる人もいる。何をやっても「強権弾圧」などと決めつけられかねない、険しい状況だった。

赴任したばかりのわたしに広島の教育界の現状は何もわからない。しかも教育長としては非常な若輩《じゃくはい》だ。その時の教育委員長は平田嘉三先生といって七〇歳近い方だった。広島大学の前身である旧制広島文理科大学を出て、一時文部省の教科調査官をした以外はずっと広島県内の大学で教員をしてきた方であり、広島県の歴史、地理、風土に通暁《つうぎょう》しているのはもちろん、県立学校の校長クラスの顔と名前を全部ご存知で、過去にそれぞれの人がどういうことをしてきて、どんな考えでいるかも分かっている。校長クラスだって大概、昔は日教組の組合員だったわけだから、簡単ではないのだ。その教育委員長の柔軟な助けを借り、結果として必要だと考えた改革がわたしの在任中にかなりの部分果たせた。

高校の総合選抜制を、子どもが自分の意志で行く高校を選べる単独選抜制に変える筋道を作った。高校によって学力に序列ができてしまうのを防ごうと総合選抜制にしたわけだが、それでは結局学力に大きなばらつきのある生徒たちの「真ん中」を意識した授業をするしかない。「できる」子は高校の授業を軽く見て勝手に受験勉強をし、「できない」子は置いて行かれるというデメリットがあった。

それを変えようとすると、「できる子」のためにやるんじゃないのか、「できない子」は切り捨てられるんじゃないのか、という心配の声が上がった。その心配を払拭するため、わたしの在職中は「底辺校」にこそ予算を重点的に配分するようにした。施設も充実するようにした。

また、高校の「序列」がそのまま校長の序列になっているようなところがあったのだが、力量のある校長にこそ課題の多い高校に行ってもらった。

それから、いわゆる「高校入学者適格化主義」（一九六三年の文部省初等中等局長通知で「高等学校の教育課程を履修できる見込みのない者をも入学させることは適当でない」とした見解）をとっぱらい、希望するすべての子どもが高校に行けるようにするために三段階の入試制度をつくって、単独選抜に落ちた子も定員に空きがある高校に入れるようにした。高校全入に近くなっていた時代の「学習権」を保障するためだ。

当時の広島では日教組などの組合との関係、部落解放同盟の運動との関係など、難しい問題がいろいろあった。年齢の上でも大先輩で、地元を知る教育委員長と二人三脚でやったからこそ、多くのことを変えていけたのだ。

教育委員長とお話ししていて、例えばわたしがこの弊風《へいふう》を変えよう、などと言うと「それは時期尚早だよ。もうちょっと手順を踏んでからやった方がいい」と言って「あいつがうるさいから、最初にあいつを陥落させればなんとかなるよ」などと具体的な「手順」の提案をしてくださる。そういう行き届いた人だから県議会議員たちも一目置いていて、教育委員会をみんなで盛り立てて、変えるべきは変えないといかん、という雰囲気ができた。

わたしが経験した広島の例では、文部省からいきなり来た若い教育長と、地元を知る経験豊富な教育委員長のコンビネーションの態勢で、難しい変化の時期を乗り切れた。

新制度下で、首長の意向を受けた教育長が強権的に指示をしたとしても、そう簡単に良い変革ができるとはわたしは思わない。

二〇一五年教育委員会制度改定のおかしなところ

前述のように二〇一五年四月の改正地方教育行政法で、教育長は教育委員長を兼ねることになってしまった。教育委員会に教育長と教育委員長の二人の「長」がいるのはわかりにくいとか、責任がはっきりしなくて、例えばいじめ事件への対応が遅れるというのが改定の理由として語られたが、わたしはやはり教育委員・委員長と教育長の仕事は分けるべきだと思う。教育長は行政の事務方で法律を正確に執行する立場。教育委員は民意を汲み上げ、現場と行政をしっかりつなぐのが役割だ。

わたしが教育長として広島県に赴任した時代は、都道府県の場合、教育長は教育委員ではなく、あくまで事務局の責任者でしかなかった（その後九九年に法改正で制度が変わり教育長も教育委員になった）。初めて教育委員会に出ると、五人の委員が円卓に座る形で、その中の六人目としてわたしの席もあった。最初はそういうものなのかと思ってその形のまま座っていたが、半年くらい経ってわたしは教育委員長に言った。「委員長、これはおかしいです。教育委員会は教育委員であるあなたたちの円卓会議です。わたしは事務局の責任者ですので、別の机、つまり事務局席の方に座らせていただきたい」

人柄の穏やかな教育委員長は「いや、そんなこと言わずに」と収めようとされたが、わたしはさらに「一〇年前に勤務していた福岡県の教育委員会では教育長は事務局席に座っていました。行政官として教育委員へ言うべき意見は言い、すべきことは説明していた。それが筋というものです。わたしがこの円卓の席にいると、自分がこの委員さんたちと対等であるかのような錯覚をしてしまうので、是非ともそうしていただきたい」と申し上げ了承いただいた。

教育委員会制度がわかりにくいというのなら、あるべき運用改革案としては、市町村も含め九九年以前の都道府県のように教育長を教育委員ではなくして事務局の総責任者と位置づけるのがいいとわたしは考える。その場合、教育長は事務方の総責任者であり、かつ教育行政の執行機関だ。

ところが今回の改正では、おかしなことになってしまっている。教育長と教育委員長の権限が合体され、なおかつ合体したその権限を持つ人が、教育委員会の合議でも議決のための一票を投ずることができることになる。しかもその新制度の教育長は、知事など自治体の首長が任命できる。

首長は行政の長だから、もちろん議会での議決権は持っていない。それなのに教育委員会の方では、間接的にではあるにせよ、議決権を持っているのと同様のことになってしまっている。議論する場所と執行する機関が一緒になってしまっている。それでは首長が強い権限を持ちすぎてバランスがとれないのではないか。

すでに制度は改定されてしまった。だが運用で調整できる部分はありうるだろう。わたしは、新制度下の教育長は国会や地方議会の議長のように議決権を行使せず、賛否同数のときだけ議長決裁権により決定に参加すればいいと思う。原則として議決権を行使せず、しかし自治体の教育行政のトップとして、たとえば教育委員会での議論に問題点があった場合には、それは法律に違反しますよ、とか現場の実態に合いませんとかいった指摘をする役になればよい。住民の代表としては議長決裁権という形で意思決定に関与し、一方で法的に正しい行政措置を担保したり現場の実情を意思決定に反映させたりする役割を果たすことができる。

広島県教育長になるより一〇年ほど前、まだ三〇歳そこそこの時にわたしは福岡県教育委員会に課長として出向していた。ある時、公立学校の教員が年休を取って成田空港反対闘争に参加して逮捕されたという事案があった。刑事犯で現行犯逮捕され、しかも年休の理由を偽って現地に行っているということもあり、教育委員会の議決で事務局原案通り懲戒免職と決定した。

と、そこまではまっとうな判断だった。が、教育委員の中に超タカ派の人物がいて、その委員が「ひとりで行っていたんじゃないだろう」と言う。同じ時期に、日頃活動を共にしていた教員仲間四人が同じ期間の年休を取っていた。しかし、逮捕された者はともかく、他の四人は「行ってない」と言い張れば証拠はない。

他の四人も懲戒免職処分にしないとおかしいとこの委員は主張するのだが、三〇そこそこのわたしが六〇代のその教育委員に「お気持ちはよく分かりますが、現認できていない者を処分はできない。これは鉄則ですから」と言った。咎《とが》めるとすれば、年休の取得理由が虚偽かどうかだが、それは小中学校の教員である彼らの所属する市町村教育委員会の判断であって本来県の判断するところではない。

教職員組合のストライキなどでも、ストをやったと現認できない時には処分はできない。「推定無罪の考え方もあるので、できません」と言葉を重ねたら「この腰抜け野郎！」とさんざん怒鳴られた。「貴様、若造が俺に何を言うか」と罵倒された。

法の下の行政としては、わたしが言った処置の方が正しいだろう。しかし正しいだけでは現実は動かないというのが、地方の教育行政現場に行って感じていたことだった。それでもその時若造のわたしが言ったことが通ったのは、教育長がわたしをたしなめる様子も見せず「それは課長の説明した通りです」と言ったからだった。そういう役割こそ教育長は担わなければいけないのではないか。「それはこの法律に反しますよ」とか、「市町村教育委員会との関係があるのですよ」とかいう話を教育委員に対して直言していくべきだと思う。

教育現場には、法に基づいたルールの説明をする力が必要

「国内の法的条件が整った」として、障害者差別禁止条約に日本もようやく参加し、小中学校における特別支援教育が二〇〇七年から始まっている。制度として確定したからには、それぞれの学校も教育委員会も努力はしているし、中で制度の趣旨をよく理解している人はさまざまな工夫をしている。

特別支援学校（かつての盲・聾・養護学校）に通うか、特別支援教育も準備した小中学校に通うのか、子どもと保護者が自由に選択できるようになった。とはいえ、障碍のある場合は子ども自身にも保護者にも、どこまで自分が、あるいは我が子がやっていけるのか迷いが生じることがあるし、小中学校側の受け入れ態勢もまだしっかりできているところばかりではない。そうしたことで、通う学校を決めるのが入学式近くまでずれ込むといった例も出てくる。

新しい制度を実際に運用しようと、子ども・保護者・学校ともに考えるのだからいい選択のために時間がかかるのは無理もないのだが、例えば障碍のあるお子さんが小学校に入る時に、人数が微妙だとクラス分けがなかなか決められないということもある。通学する児童・生徒の人数の確定は五月一日をもってすることになっているのだが、それを知らない保護者などが「入学式にクラスが決まっていないなんて、どういうことなんだ」と、いきなり不信感をぶつけることになってしまったりする。

そうした制度のこと、規定の理由、そしてなぜそれに手間が必要かを教育委員会がきちんと説明できないと、大騒動になることもある。教育長なり事務方が「こういうルールになっていて、五月一日で確定します。申し訳ないけれど微妙な人数なので、それまでは暫定《ざんてい》ですがご心配なく」と説明しさえすれば多くの場合は納得してもらえるのだ。

現状では、学校現場で法に基づいたルールの説明をする力が弱すぎるとわたしは考える。法の趣旨、それに従ったルールの説明を誰が行うか。学校の教員ひとりひとりに制度の根拠法令まで説明させるというのでは、教員の事務的負担がさらに大きくなって、子どもと向き合う本来の教育の時間がますますとれなくなる。だから、法の番人、行政の達人がちゃんと教育委員会にいて「あなたのおっしゃることは感情的には分かりますが、法的にはできないんです」という説明をすればいい。

別の例を思いおこしてみてもいい。よく言う「はずれ先生」というのは確かにいるだろう。教育能力にも人格にもそもそも問題のある教諭、あるいは経験不足などで技術も胆力《たんりょく》もまだ身についていない教諭が、教員全体のなかに一人もいないなんてわけがない。その点は民間企業などとまったく同じだ。

もし保護者が、自分の子どもの担任教員が「はずれ」だと文句を言ってきたとする。その時、教育委員会に行政というものが分かっている人がいれば、こういう説明をするだろう。「あなたのお子さんにとって『はずれ』と思う先生が担任になっているのは誠に申し訳ないけれども、公務員として身分保障をしているなかで育てていかないといけない先生もいる。それを公平に回していくのが行政の仕事であって、いま、ある場面で評価が低いと言われても、それだけで交代させることはできません」

そのように筋を通した説明をすることは、感情問題もあって教員自身にはなかなかできないだろう。教育行政の実態、目的、地域の事情をより広く知った教育委員会が、住民から委託を受けた者として考え、自分の責任を懸けて説明し納得してもらうべきだ。

行政に関わる者とはそういう態度を貫くべき存在だ。政治家は違うかもしれない。例えば大阪府の知事だった橋下さんのような人が「毎年査定して駄目教員はすぐクビにする」という派手なことを言えば、親を含む世間は喝采《かっさい》もするかもしれない。しかし教員の身分を不安定にすることによって逆に起こるデメリットも説明しないと、目先の人気取り政策が通ってしまって行政の規律がこわれ、結局は教育の効果も教員の能力も落ちていく。

優れた人材をこそ教育分野に

性善説的なゆるい運営をしていていい時代ではないというのであれば、例えばデンマークがそうしていると言われているように、教員という職業の専門性を高く評価し、給与も地位ももっと上げ、より優れた人材が小学校や中学校の教員になっていくようにする道もある。デンマークは人口五六〇万人程度で、大資源国でもなく、人材で支えていくしかないと覚悟している国だ。そのために学ぶ人たち全体の「底上げ」を目指し「落ちこぼれ」を出さないように徹底的に教育のあり方を研究している。公立小中学校の教員には修士にあたる資格が必要で、大学院レベルまで専門教育を受けた人たちだ。意欲も誇りも高いと言われる。

もちろんデンマークだってさまざまな困難や問題を抱えており、国民の幸福度は言われるほどでもないという指摘もある。しかし少なくとも幼児教育から高等教育まで国民がほぼ均しくアクセスできるという、よく生きるための前提のひとつは用意されている。それが国民の意志として貫徹されているのだ。

日本は現在、教育にそこまでお金をかけてはいない。デンマークのように国民全体の学習の機会重視ということにはなっていない。国民全体の水準云々より極めて優れた人材が一握りいることの方が大切だと決めつける論調も多く、生育環境などに恵まれなかった結果、学力（要求された回答をすばやく出すという意味での）の低い子どもたちは見捨てて「下流」として働いてもらおうと言わんばかりの思想が、根強く残っている。

その一方で、「日本はこんなにすばらしい」「日本はクールだ」「世界の人にこんなにウケている」というテレビ番組や言説がいやになるほど増えてきて、政府まで皮相的な部分だけで日本の成功を語っている。日本がやっぱり一番という浮わついたキャンペーンや政策で一時的にでも潤《うるお》うのは特定の業界や経済界や政界の特定の人たちであり、教育界でも子どもたちでもない。むしろ、それに乗せられて根拠の薄い日本優越の感覚が拡がり、夜郎自大《やろうじだい》に陥る日本人が増えるのが心配だ。

教育に予算をかけずに企業の収益を優先して法人税減税などをやる政権が「一強体制」とされるほど支持されているわけだが、言ってしまえばそこは人々の考え方、民意の問題だ。国民全員が漏れなく享受できる教育環境にどんどん予算を回そうという考え方に、耳を傾ける有権者は少ない。目の前のカネとか景気の問題が優先されているのだ。

国民がそうなら、社会が求めることの優先順位を変えることは、行政の力ではなかなか難しい。しかし、あきらめずに状況を国民の皆さんに根気強く説明し、教育の重要性を理解してもらうのは、文部官僚の役割だろう。説得力ある訴えを続けていけば、決して不可能なことではない。官僚たちのこれからの奮起に期待している。

教育は結局は「情」の世界だとしても

教育は基本的には、情と理のどちらかで言うなら情に流れる世界だ。それはそれで意味はある。人が生きる基盤は「情」があってこそだから。

だが、直接教育を行うのではなく、その行政部分を担当する教育委員会の態度や決定までもが情に流れ過ぎるという傾向を、わたしは感じている。多くの教育委員会の構成や運営が、教員出身者中心に行われているからかもしれない。しかし行政を担う教育委員会はきちんと法と理を立てつつ、その先に情を汲んだ判断がありうるという立場で行くべきなのだ。だからこそ、きちんと理屈の言える教育長や職員をつくっていくことが大事。それが教育行政への信頼感を保つひとつの道ではないか。

「情」は「地元の事情」の「情」でもある。長い間かけてつくりあげられてきた教育をめぐる法律の体系が何を目指しているのかということをしっかり考えた上で、その原則を地元の事情の中でどう貫徹するか、知恵を絞るというのが正しい。

その点「八重山教科書問題」の際の沖縄県教育委員会はまことに毅然としていた。いくら文科省に言われても「竹富町の事情を認めたい」と本来の立法趣旨を通そうとする立派な教育長がいた。「原則は地方分権ですから、沖縄県から竹富町に命令はできません」とその教育長は言ったのだ。

公立学校では教師が公務員だということの意味を、実は教師自身もよく理解していないのではないだろうか。もちろん保護者の多くも理解していない。公務員だからこそ原則を踏まえつつ知恵を尽くしてていねいに事態に対応していかなければならない。公務員という公共の領域で働く者まで短期的な成果主義一辺倒で評価し、成果として数字に表れにくいものを切り捨て踏みつぶして行ったら、その先にどんな恐ろしいことが起こるかという想像力を、みなさんあまりお持ちでないようだ。

一九三〇年代に軍部が暴走した原因のひとつに、大正時代に軍縮を行い、その結果ポストが減って昇進の可能性が少なくなり、軍人としての将来に経済的なことも含めて不安になる者が多くなったことを挙げる見方がある。手柄を立て、目立つ「成果」を誇示しなければ組織も個々の軍人も生き残れないという雰囲気の中で、満州事変や日中戦争を引き起こす冒険主義が出てきた。いためにする冒険はほぼ間違いなく破壊に帰結する。そういうことを思ってみると、公務員に立場を超えた余計な野心を持たせないための身分保障という意味もあるのだと分かるだろう。

保護者の立場からすれば「指導力不足教員を手っ取り早く追放してくれ」と思うのも分かるのだが、反発を承知であえて言えば、職務がこなせていないとされる教員の存在は必要悪のようなものなのだ。いま成果を出していない人をすぐ排除することによって、公的制度の全体が不安定になるデメリットも考えていただきたい。その教員がいつか育つかもしれないという未来への期待だけではなく、ダメだとされる教員を含めた教職員集団全体のチームワークを生かして、学校をどう良く変えていくかという挑戦だと捉えることだってあり得る。公務員の世界だけではなく、世の中だって「要らない」人を即座に切り捨てるわけにはいかない。

指導力不足教員というと本人の問題だけ取り出す形で糾弾《きゅうだん》されがちだが、かつて銀行経営が安泰だった時代は業務能力不足銀行員もそのまま組織にいただろうし、いまでも政治感覚がおかしい議員はいる。むしろ昔よりたくさんいる。それでも成り立たせるしくみを作っていく組織運営というのもあり得るだろう。そしてその「功罪」は、思うほど簡単には結論が出せない。

とはいえ、日本社会全体がもうそんな余裕のない状態なのだという意見もあるだろう。公共的な分野であっても性善説的なゆるい運営をしている場合ではないというのも、一面の真実だ。公務員の側も、そこはしっかり認識して、安定した身分ゆえの甘えということにならないように自戒してほしい。

公務員ゆえに負担すべきこと

公立学校の他に、図書館や公立の美術館、劇場などが教育や文化という「公共領域」を支え、維持している。ところがこのところ公民館や劇場や文化会館や美術館など、公共のために維持されている施設で「政治的だ」という理由で市民の普通の活動や芸術家の表現が制限され、集会への貸し出しが取り消されたり展示が取り下げられたりする事件が相次いでいる。それどころか、憲法21条で学問の自由が保障されている大学においてさえそういうことが起こっている。時代の趨勢の一部でしかないものへの過剰な「忖度《そんたく》」だと言われているが、個々の内容を見ると、施設の責任者なり自治体の長なりが「国民全員」のための場を法の趣旨に従って維持する責務を放棄しているかに見える。

公共性のある施設におけるガバナンスの問題として、運営に民営化の要素を入れていって「合理化」を求めた結果そうなっている面がある。どんどん民営の要素が入り込み、公務員が、身分保障された立場である自身の責任として、公共施設の正しい運営のために踏みこたえるという姿が、いまやなかなか見られない。

公立学校でもそれは起こっている。保護者や近隣からのクレームの中には理不尽なものもあるが、それを校長なら校長が人格を賭けて収束させるということができにくい。責任は自分が取るから、と教員たちを守る力も弱まっているようだ。「校長先生」というのが地域の中で昔ほど「偉い」と思われなくなったという背景もあるだろう。しかし責任を引き受ける覚悟のある管理者の下では、個々の教員が自由に創意工夫して試行錯誤もでき、良い教育環境ができるものだ。だとするとそれぞれの施設の長たる公務員の役割は大きい。

「上」の腹が据わっていないと、何か起こった時のためにエビデンス（証拠）を収集して残しておくための事務処理が多くなる。報告書や日誌などの書類作成の仕事がありすぎて、子どもと向き合う時間がないのだとすれば、教員の事務負担を軽減しなければいけない。日本の公立中学校は先進諸国の中でも最も忙しく、教師が職場としての学校にいる時間が平均して一日一二時間だ、という調査結果も出た。

文部科学省もようやくこの問題に本腰を入れ、中央教育審議会での議論も始まった。表面的な話だけでなく、学校という組織の構造の本質論にまで踏み込んでほしい。

保護者や近隣、関係者、あるいは行政が学校の全てを知ろうとするから書類が増える。全部情報を出せ、という要求があっちからもこっちからも来る世の中になった。おそらくあらゆる公共機関がいま、そういうことを求められるようになっている。

学校がとくにその点で厳しい状況になっているように見えるのは、一面では、以前にはあまりに情報を出してこなかったからではある。例えば、求めがあれば経費の領収書を全部出せるようにまとめておくのは普通の役所、公共施設では以前から当たり前のことだった。それをきちんとやっていなかったところに、今急にやらなければならなくなったので、慣れないぶん負担が大きくなったといったことはある。現状だと教員がそれをやることになり、不慣れな書類仕事が増えて子どもと向き合う時間がとれない、という本末転倒なことが起こってしまっている。教員が子どもたちひとりひとりに接したり、教育について落ち着いて考えたりする時間がないというのは問題だ。

事務職員を多数配置するとか、教員の養成や研修の内容に基本的事務のありようを入れていくとか、いずれかが必要だ。教育が大切だといいながらこの国は、なぜそこにお金をかけるのを惜しむのだろうか。

学校に要求ばかりして苦情をぶつける「モンスター・ペアレント」というのが問題となっているが、以前から「モンスター市民」はたくさんいた。霞ヶ関の役所でも、国民からの苦情電話に対応している時間はそうとう長い。昔だったらそんなもの聞かんと言って突っ返すこともできたのが、そうするとネットに書きまくるとか異常な反撃をする「市民」が増え、さらにトラブルになるのは結局面倒なので、おかしな苦情も聞かざるを得なくなってきた。

それは基本的には民主主義のコストとして必要なことだと考えるにしても、役所への苦情なら「何でもあり」でいいのか、それは国民自身が答えを出していかなければならないことだと思う。

学校に対して、まっとうな苦情が言えることはもちろんいいことだ。ちょっと前までは「子どもを人質に取られている」という言い方があり、子どもの扱いで報復されるのではないかと、学校のやることに関してあらゆることを我慢していた親も多い。極端な例だと、自分の子どもが先生から性的いたずらをされようが何しようが泣き寝入りしていた時代もあるのだ。そんな状態を思えば「子どもを人質に取られている」という言葉が死語になったいまは、はるかに保護者と学校との関係は良くなっている。

確かに些細《ささい》なことで文句を言う人がいることも事実だが、本当に言わなければいけない重大なことがきちんと言えるようになったことも大きいのだ。

厳しいことを言えば、民主主義のコスト、面倒くささを誰が負うのかという点を根本的なところで考えると、それは公務員ということになる。そのために公務員は身分保障されているのである。ストレスで具合が悪くなって休職、などとなっても、それだけで雇い止めにされることは制度上ない。悩ましい問題を誰が背負いつつ解決を目指していくのかと考える時、国民が陥った苦しい状況は、公務員がまずそれに対する責務を背負うべきものだろう。

憲法から考えてもそうだ。憲法遵守義務は国民にあるのではなく権力側にある。権力とは本来「公共」を維持するためにある。その意味でも学校といえども権力側なので、社会の問題を背負っていかなければならない部分がある。昔から、それを肌で分かって努力してきた多くの教師たちもいる。

教師ばかりでなく、公務員とはすなわち全てある意味での権力者だという自覚が必要だろう。公務員が仕事を行う上で国民に従ってもらうための特別権力関係ということが法的に認められている半面で、権力者であるがゆえに負担しなければならないこともある。憲法15条に「公務員は全体の奉仕者」だとはっきり書いてあるわけなのだから。「全体の奉仕者」として苦労するのは当たり前と思わないといけない。そう思えない人は公務員になる能力はあったとしも、公務員に向いているとは言えない。

「教科書を教える」と「教科書で教える」

公務員たる文部官僚や教育委員会職員、現場教員が責務を背負って対応すべき例として、教科書の問題を再び取り上げてみよう。

道徳の教科書にも「歴史教科書問題」にも言えることだが、文科省としては、「教科書を教える」のではなくて「教科書で教える」ことを徹底するよう、通達などを工夫していくことだ。これは日教組と対立した文部省の時代から役所自身がずっと言ってきたことで、いわばオーソライズされているし、世の中もそれを望んでいる。多様な子どもの多様な学びがどんどん可能になり、さまざまな成果も出しているなかで、教科書を金科玉条のように神聖視するのはおかしい。これはどんな立場の人にもわかってもらえるはずだ。

日本は何も悪くない、つねに偉かったという調子の「新しい歴史教科書をつくる会」のつくった扶桑社の教科書が検定に通ったというので一時騒がれたが、教科書は検定に通っても教育現場で採択されなければ意味がない。扶桑社の教科書は初めて世に出た二〇〇二年当時、全国での採択が〇・〇三％と、ほとんど使用されなかった。

ただ、今日ではその流れをくむ「改正教育基本法に基づく教科書改善を進める有識者の会」による育鵬社の教科書が、大阪市、横浜市といった政令指定都市を含むいくつかの自治体で採択され、採択割合を伸ばしている。教育行政に首長の関与が強まった結果、その意向を気にする教育委員会が増えて、折柄の安倍政権の意向を「忖度」する雰囲気のなかでこうなってきたのだろう。

ただ、もしそんな教科書の採択がさらに増えていったとしても、あくまで「教科書で教える」わけだから「ここにはこう書いてあるけど、こういう考え方もあるよね」と教員がより広い知識を教えるのは、まったく問題ない。道徳の教科書だって同様に、さまざまな使い方ができる。九〇年に最高裁判決で教科書使用義務違反が確定した「伝習館高校事件」の時のように、教科書をいっさい使わなかったら問題になるが、教科書と併用でさまざまな教材を使っても問題はないのである。

心配なのは、教師が楽をしようとして教科書の内容をそのまま生徒に丸暗記させるような授業をすることだ。公費で揃えてくれる教師用指導書、いわゆる教え方の「虎の巻」だけを使った教科書べったりの授業である。そこには人が人にものを教えるという時に必ず必要な「工夫」というものが欠けているのだが、一応そうしておけば、校長からも教育委員会からも保護者からも文句は出ないから、易きに流れそうだ。

この間、ある高校の若い歴史教師と話をした。「仮に君のところで育鵬社の教科書が採択されたとしてもどうってことないよね」と聞くと、「おっしゃる通りです、どうってことありません。わたしは歴史を教えているんであって、教科書を教えているわけではないですから」と頼もしかった。ただし、その教師が言うには、自分のような歴史を専門に学んで教師になった人が教える場合は、批判や別の考え方の余地を示しながら教えるという本来の豊かな学習が可能になってくるが、歴史専門ではない教員が歴史の授業をする場合、教科書通りにしかできない可能性がある、ということだった。高校の社会科でも地理が専門の人が歴史を教えるようなことはある。その場合「虎の巻」に頼ることになるだろうから、問題が出てくるだろう。

できうる限り専門に学んだ人が教えるようにすれば、そういう恐れはない。なぜ地理の先生が歴史を教えるようなことになるかというと、生徒の数が少ない学校では教員の数も少なく、全部の専門をそろえることができないからだ。

ただ、解決法はある。なぜ歴史の先生は一つの学校に一人いないといけないのかと、わたしは昔から主張してきた。一人の歴史の先生が三校回って教えてもいいじゃないかと。だがそれを言うと、教員は反発することが多い。自分はどこか個別の学校に属する先生でないと嫌だ、ということのようだ。所属がひとつでないと不安なのかもしれないが、それはおかしい。何校か回って歴史なら歴史を教えていくとしたら、それは自分の専門性が評価されることにつながっていくはずだ。ひとつの学校に所属していないと先生でないかのように不安に思うのは、自分の専門性も能力も否定しているようなことだとわたしは考えるのだが。

学部編成は文科省が決めることではない

国立大学の文科系がなくなる！　という騒ぎがあった。文部科学省が、人文系学部・学科に改組転換や縮小を求めたとされ、大学側は「人文系削減」と受けとめた。

文科省は、「人文系削減」というのは誤解だとしていろいろ弁明はしている。しかし大学それぞれの強みを生かす形で再編するということだから、国立大学法人に対して交付金の予算でコントロールをきかせるぞと表明しているのと同然ではある。

しかし考えてみれば、文科省が逆に人文系を盛んにしろと言うのもおかしい。要するに文科省が大学の方針に具体的に介入するなよ、ということだ。今の国立大学の人文系の教員たちは人文系軽視と批判しているが、「人文系を増やせ」ともし言われたら喜ぶのか？　どちらにしても学部学科編成は大学で決めることであって、文科省から言われることではない。

京都大学の山極寿一学長は即座に反論していた。「京都大学には人文科学が重要だ」と。

しかしもうひとつ言っておくと、この反論は京都大学だから言えるというところはある。ほかの国立大学法人で、誇れるほどの人文科学の研究と教育が行われているのか？という問いに答えなければならない。

それに、反対派が繰り出す、人文科学の学部がなくなったら大学でなくなるかのような言説は、まったくの間違いだと思う。例えば東京工業大学には文学部も法学部もないが、立派な大学だ。学部はなくても学生に人文系の考え方を教える優れた先生たちはいる。人文系学部あっての大学だというのは総合大学の人たちが言っている論に過ぎない。そこがそもそも大学人たちの考えが浅いと言われても仕方ないのではないか。

日本社会に人文科学が必要ないはずがない。もし政権が国立大学で人文科学をやる必要がないなどと言うなら、私学がもっともっと盛んにやればいい。早稲田や慶應、同志社、立命館などの文学部、哲学や歴史学が健在であれば、日本の人文科学の水準を保つ根拠地はできる。

要は、こうすれば交付金をあげるよ、こうしないならあげないよと文科省が高等教育の基盤維持の役割を超えて口を出すことに問題があるのであって、社会全体から考えれば国立大学の文系廃止論は別にどうということはない。日本中の大学から人文系をなくせと言っているわけではないのだから。

ある計算では、国立と私立で較べると、法学系では私学は国立の六倍、文学部系は一三倍、社会学系にいたっては五〇倍の定員があるという。もちろん学生の水準はいろいろだろうが、国公立に比べて私学には人文・社会科学系の拠点はちゃんとある。

いま人文・社会科学「系」と書いたが、とくに私学では、国際なんとかコミュニケーション学部とか、人間なんとか学科とか、いままで聞いたことのない名前の学部・学科が増えている。なかにはなにをやっているのかよくわからないような学部・学科名もあるが、よく見てみると目的をはっきり絞り込んだ学部・学科もある。

わたしは私学がそういう試みをするのは大賛成だ。何をやるかはっきりしている学科をつくるのはとても重要だと思う。東京大学法学部なんて何をやるか、そこに行ってどんな力をつけられるのかよくわからない。だからわけもわからず大学に入って学ばない大学生が増えている。たとえば、東大法学部「行政学科」や「司法学科」をつくればわかりやすい。

看板がはっきりしている大学ほど学生が勉強している。単なる法学部とか経済学部の学生がいちばん勉強してないと言われているのが現状。わたしの教えている京都造形芸術大学芸術学部マンガ学科などは、芸術の一環としてマンガを学ぶために入学すると目的がはっきりしているので、学生はよく勉強する。マンガを学ぶという強い動機があるから、そのために社会のことにも関心を持って学べるし、文学や哲学を学びたいという動機にもそれはつながってくる。そしてわれわれ教員は、学生たちの学びがあらゆることに発展するための準備をつねにととのえているつもりだ。

国公立の人文科学系のリストラという話から少し離れて言うが、確かに日本の人文科学・社会科学の専門家は理数系に較べれば世界から評価されているとはいえない。言語の問題も一部にはあるが、世界での論文への引用数という尺度で言えば、あまり注目されていないし開かれていないというのが現状だ。

あえて厳しい見方をすれば、国立大学には必ず人文学系を置かなくてはならないのか？ というのは検証されるべき問題だ。学問の自由という問題ではなく、公共性の問題として。国公立は私学より多く税金を使って運営している以上、そこはきちんと考えなければならない。国立大学では、平均すれば運営費の五〇パーセントくらいは国費から投入されている。私立大学ではそれが年々減る一方で、現在ではわずか九パーセントくらいだ。だからこそ私学は、創意工夫とともに自由な学問の場をつくっていけるはずだし、つくるべきなのだ。

国立にも人文系が必要だというときに、よく言われる俗論が二つある。一つは、ちょっと「なるほど」と思ってしまうものなのだが、例えば鹿児島県の住人にとっては、鹿児島という場所で人文系学部の充実したまともな私立大学が成り立つのかという問題がある。鹿児島県に小さくても同志社大学のような私大があれば国立鹿児島大学には人文学系学部の必要はなくなるかもしれない。しかし、しっかりとした私立大学がないところでは、国立大学で人文学系学部を持つことは地域のためにも必要だろう、ということだ。

しかしこれを東京や関西に置き換えてみれば、こんどは、立派な私学がいくつもあるのだから東大や京大には人文学系は別に要らないね、という理屈にもなりうる。ところが今回文科省は、おそらく東大や京大にはあらゆる学問の拠点を残して、鹿児島大学などの地方の国立は人文系なんてあきらめなさい、と言うに近いことをやっている。これはなんとも変な話だ。地域差を乗り越えて国全体の運営に資することを役割とするはずの中央官庁が、そういうことを言うこと自体おかしい。

もう一つの理由は、国公立は学費が比較的安いから、学費に苦労する学生にも人文学を専攻するチャンスを与えるというものだ。人文学系が私立だけにしかなくなったら、高い授業料を払えない者は、それを学ぶ機会を失う。

ただ、それは返済義務のない給付型、あるいは金利を課さない貸与型の奨学金で代償した方が合理的だろう。そういう率直な議論抜きに昔からの文部省対反文部省といった調子の具体性を欠く議論は、もういいかげんにやめなければなるまい。

そのうえで改めて言うが、もし文科省が大学の学部学科編成について命令じみたことをしたら、国民はそれを許してはいけない。これは、憲法21条「学問の自由」に反している。大学の教育方針を補助金の増減で実質的に縛るようなことも、あってはならないことだ。

文部省と科学技術庁合併の間違い

文部省や文科省がやってきたことを歴史的に見ると、権力側だとか、市民社会をつくろうと努力しているとか、簡単に一方に割り切れるものではないというのが、わたしのとりあえずの結論だ。いま述べてきた大学の学部学科編成の方向性をめぐる問題にしても、文科行政は揺れている。

なぜ揺れたりぶれたりするかと言うと、行政の中でも社会、世論の揺れに敏感に対応せざるを得ないからだと思う。ひいき目に表現するならば、文科行政は日本の行政のなかでもっとも世論に従って動いている。経産省や財務省のような問答無用の鉄面皮《てつめんぴ》さがない。そこが偉い、と言えないこともない。

ただ、文部省と科学技術庁をくっつけてしまったのがそもそもの大きな間違いだったと、わたしは考える。文部省から文部科学省になったころから、国民と共により良き社会を、文化をつくっていこうという姿勢が薄らいでしまった。国民の方を向いているのか経済界の都合で動いているのか不分明になり、しばしば国民の不信を招いている。

この本の最初の方で述べた「ゆとり」教育は、時代の変化を捉えたとても大きな計画だったのに、世論の一部の逆風に遭うとすぐに言い訳や弥縫策《びほうさく》を出してきてしまった。政治家が大風呂敷を広げるとき好んで使う決まり文句「百年の大計」とまでは言わないが、とくに教育のように社会の根幹構造に関わる大きな政策企図は二〇年くらいの期間で考えて評価をしていかなければならない。ちょっと声の大きいところから批判されるとやることや言うことがくるくる変わるのは、役人としての柄が小さくなってしまっていると言わざるを得ない。

臨時教育審議会のときにも盛んに言われた「不易《ふえき》と流行」というキーワードがある。教育について考えるとき、流行を感じ取りつつも不易である部分も必ずあるはずだ。「不易と流行」という言葉をこそ、文科官僚は噛みしめるべきではないか。

その「文科官僚」という言葉を使うとき、わたしはなんとも言えない苦い思いをする。「文部官僚」

なら「不易と流行」が必要だろうが、「科学技術官僚」に「不易」はさほど重要ではない。「文科行政」とは、文部行政と科学技術行政とが有機的に結びついたものではなく、省庁合併の数合わせのために強引に創り出された概念である。教育が中心の文部行政と科学技術行政とは、かなり異なった発想に基づくはずのものだ。科学技術行政は、新しい知見に応じて果断にくるくる変えるべきもの。一部の地味な基礎研究をのぞけば科学技術に百年の大計なんて無縁だろう。もし原発はデメリットの方が大きい、要らないと国民に言われたら、さっきまでやっていた原発の開発技術を今度は廃炉技術に応用しようと、素早く変わるべきなのが科学技術行政であるはずだ。

それに、「科学技術」は定義が明確なのに対して「文部」って何だ？　明治四年にそう名付けられて以来の歴史を持っていた「文部省」が所管していた教育、文化、スポーツ、学術の行政を総称していたわけで、具体的な内容があるわけではない。その両者を合体して「文部科学行政」と呼ぶのはどうしても無理がある。「文部科学官僚」にしても同じで、今や「文部科学省官僚」と呼んだ方が正確だろう。

ちなみに、官僚組織の在り方が我が国とよく似ている韓国でも、二〇〇八年に「教育人的資源部（教育省に当たる）」と「科学技術部（科学技術省）」が合併して「教育科学技術部」になったが、わずか三年後の一一年には「教育部」と「未来創造科学部」に分離されている。

日本も、二〇〇一年の省庁再編の時に、省庁統合の数合わせのために文部省と科学技術庁を一緒にしてしまったのがよくなかった。両方にとって不幸だったと思う。子どもたちや学生たちや学問全体のことを考えるべき文部省が、科学技術庁とくっついてしまったために、原発事故の放射能汚染の問題ひとつとっても子どもたちのことを第一に考えているのかそうでないのか、分からないような方針が出てくる。東日本大震災の時に文科省がせっかく大金をかけて運用していたＳＰＥＥＤＩの情報をなかなか出さなかったという一件は、文科省の中の科学技術庁的な判断から出た行動だと、わたしの目には映る。本来の文部官僚だったら、子どもたちを危険にさらさないことを第一に考えて判断するはずだ。

文部省だった時代は、子どもの安全には過度とも思えるほどの慎重な配慮を行ったものだ。学校給食の安全性が疑われるような事態が起きたときなど、過剰なまでの対策を講じてきた。一九九六年にＯ－１５７の食中毒騒ぎが起きたときは、外の皮を剥く前のバナナやミカンの洗浄まで要求したくらいである。それが、原発事故の際、子どもたちが受けても大丈夫な線量の基準を高めに設定して福島の保護者たちの抗議を受けたときには、安全基準設定の緩さに驚かされた。科学技術行政の立場を考慮した結果だろう。

政治家たちが中央官庁を何でもかんでも合併させて「行政改革」の成果を誇りたいのなら、科学技術行政は、むしろ経産省にくっつけた方がはっきりする。そちらはそちらで技術開発や競争によって国民の福利も向上するという考え方でやればいい。科学技術庁はもともとが経産省と関係の深い役所であり、二〇〇一年の省庁統合のときには科学技術庁の官僚自身もどちらかといえば経産省と一緒になりたいようなマインドの人が多かったのではないかと思う。

スーパーサイエンスハイスクールなどというわけのわからないネーミングが出てくるのも、日本社会の中の科学技術信仰のようなものに引きずられ過ぎだと思う。「ゆとり」教育に関して「理科の授業時間数が減ったから日本の科学はダメになる」とか「元素周期律表を全員に覚えさせないとは何事だ」と大げさなことを言い立てたのは、科学技術畑の人たちだった。

元素周期律表を誰もが覚えるのは暗記の訓練にはなるかもしれないが、もうそういうところを鍛えるのが中心の社会ではないはずだ。興味がたまたまあって「こういうわけでリチウムイオン電池ができたんだな」とか「水素は燃えて危険だから飛行船や風船の中身がヘリウムに変わったんだ」と身の回りの具体的な知識や技術とのつながりを見つけた子は、覚えたいという気持ちになるかもしれないし、その時は覚えるための機会を用意すればいいだろう。それは学校ではなくてもいい。土曜・日曜の休みを利用した民間のサイエンス・スクールや、社会教育の場で行われる科学教育を育てていけばいい。

けれど、例えばいまおじいちゃんやおばあちゃんが家や近所にいて、やはり具体的現実的なテーマである介護や福祉のことに関心を持つ子も同時にいるだろう。将来介護や福祉に一生をかける人になるとしたら、その子の人生には周期律表暗記はほとんど必要ない。全員に暗記させるとしたらそれは無駄な負担だろう。

最近、日本学術会議の分科会が、高校生物で学習する重要用語を、現在の四分の一に減らすべきだとする指針を出した。次の高校学習指導改定において教科書に反映させてもらうのが狙いだ。

用語を覚える暗記教科でなく、思考力中心の学習にしてほしいという。理科系の学者たちの考え方も、ようやくアクティブラーニングの方向に変わってきたのだとすればうれしい。

教育、再びの「複線化」？

小中、中高一貫校、飛び級、スーパーグローバルハイスクール、スーパーサイエンスハイスクール、ユネスコスクールといったかけ声が次々とかまびすしく聞こえてくる。その多くは「エリート育成のための特別な学校制度が必要だ」という議論だ。「グローバル人材」といった言葉も内容不明なまま上滑りしている。

一方、大学でも入学難易度が高くないようなところは、むしろ職業訓練を強化して即戦力としての働き手をつくる授業に絞るのが合理的だ、と言い出す人もいる。世界で稼げる人材の養成と地道な労働をする人の教育内容を分けるような主張だと批判もされている。一九八〇年代には世界で一番金回りがよいとまでされた日本の経済が左前になってくるにつれてこうした議論が強くなってきた。「構造改革」路線ということなのだろう。

一方、政治経済の支配層のそんな思惑とは関係なく、教育内容の薄い大学に行くよりも専門学校に行った方が就職に結びつく、と後者の選択をする若者も多くなってきた。

これを教育の再びの「複線化」だとする見方もありうるだろう。

戦前には六年制の尋常小学校（一九四一年からは国民学校）を卒業した後、進学を前提とする者は五年制の中学校（旧制中学）、就職や家業の手伝いをするつもりの者は二年制の高等小学校へと、いまの義務教育年齢の時点で大きな岐路があった。その先にも高等専門学校、大学、師範学校などさまざまな年限で選択肢があり、人により辿るコースは制度上一様ではなかった。複線型の教育制度だったわけだ。

現在の小・中学校を義務教育とする「六・三制」は一九四七年の学校教育法で定められたものだ。敗戦後の教育改革の時はGHQ（連合国軍最高司令官総司令部）の意志という誰も逆らえない万能カードがあったので、制度はあっという間に変わった。GHQの方針には、早期に学習のコースが決まる制度を変えて義務教育の九年間を平準化することで、日本社会の階層性を緩和するという意図も入っていたと思われる。民主主義を担う幅広い層を創出しようという期待だ。そのように世の中の価値の基軸が大きく変化することへの戸惑いはやはり市井《しせい》の人々にもあり、「六三制、野球ばかりがうまくなり」という冷やかしめいたつぶやきが当時言われたそうだ。今で言う「学力低下」論みたいなものだ（それがいかに根拠のない情緒的なものであるかは、このときも「ゆとり」教育のときも同じである）。

戦後改革に始まった制度であるせいか、教育制度は「単線型」が基本であるべきだというのは「左翼」的文脈で語られてきた。「みんな同じ」がいいのだ、それが「平等」なのだというある種思い込みで、そういう「日教組的」な夢想が権利を主張「しすぎる」大衆をつくり、日本を悪くしたのだと「保守」や「右翼」が攻撃してきたという形である。

もちろん「左翼」「右翼」、「保守」「革新」といった雑駁《ざっぱく》すぎる分類は現在ではあまり意味がないのだが。

実際には、日本は国としては教育を単線化しようとしたことは一度もない。そもそも教育を完全に単線的にしようと思った国は世界中どこにもないと思う。ソビエトだって中国だってそんなことはやっていない。むしろ特別なエリート学校をあからさまにつくっていた。

そのような、学校に優劣、順位をつける大ざっぱすぎる発想とは違うところで、日本の教育行政はいろいろな学校を用意してきた。優劣、順位をつけてしまったのはむしろ社会であり国民なのだ。

たとえばそれは高校において一番顕著だった。ある時代から一九七〇年代あたりにかけて普通科高校志望一辺倒になって「普通科に行くのが偉くて農業高校や工業高校、商業高校に行くのは脱落者だ」という考え方に多くの人がなってしまった。経済成長期には、ホワイトカラーが素晴らしくて、農業や漁業をやっているのは時代に乗り遅れた不幸な人だという思い込みさえもが出てきていた。いま反省してみれば、赤面したくなるような社会観だ。

現在ではようやく、そうじゃないんだ、と考える人が増えてきたと感じる。専門学校に行く学生も、大学に行けなかったから専門学校、ということではなくなっている。高校の農業科や水産科、商業科といった職業科も、地域経済との関係も再度結びながら、通って面白く学んで役に立つと見直されつつある。

生き方のコースに「上下」はない

さまざまな教育のルートが試行されているのは、戦前に戻るような階層社会的複線化というよりは、社会の価値観が多様化してきたことの表れだとも考えられる。

つまり、インクルーシブ（包摂《ほうせつ》的）な社会とはそういうものなのではないか。いろんな人がいるのがいい。いろんな道があっていい。いろいろな学びがあるはずだ、と。

もう一例。どんな障碍を持っていても普通の学校に入れるのがいい、みんな一緒に同じことをするのがいい、という考え方がある。これも左翼的文脈の中で発展してきた考え方という面がある。もちろん、どんな障碍を持っていても普通学校に行きたいと思えば行けるように措置をとるというのが特別支援教育の鉄則だ。しかしそこには、普通学校が「普通」で特別支援学校は「例外」だという考え方はない。本人や保護者の選択はどこまでもサポートしていくのがあたりまえだが、普通であるのが幸せで特別支援を受けるのは不幸という上下関係があるかのような価値観を乗り越えることこそが、特別支援教育、インクルーシブな社会の本来の目標なのだ。

ある時代には、差別的な階層社会が複線型教育の背景としてあったかもしれない。研究でそれを跡づけることも可能だろう。だが、いま起こっている変化は差別的な複線化ではなく、いろいろな生き方を包摂するための複線化、共生社会をつくるための複線化と見るべきだ。それも、文科省の政策が変わったというよりは、社会の要請がそうなってきているということ。戦後の教育行政の方針は、ある一定の方向に誘導しようという発想であるよりは、つねに社会の変化を追いかける形で変化してきた。だから、ある意味で揺れてきた。

バブルの頃には「日本人は農業をしなくてもいい」とまで言い切る人がいたが、今はそんなこと思っている人はいない。逆にいかに日本農業の高度な技術的蓄積で、安全な農産物生産を維持し、効率的にし、世界の農産物に伍《ご》して行くかということに人々の関心はあるだろう。そうであるからこそ農業高校や水産高校への期待も高まってきている。

豊かな学習のスーパーサイエンスハイスクール

一方で「スーパーサイエンスハイスクール」「グローバル人材育成」といった言葉はどこから出てきたかというと、短期でつねに利潤を確保していかなければならない現在の産業界、資本の都合からだと言える。

ゆとり教育で学力が低下したと言われて、売り言葉に買い言葉のような話の流れで、当時の遠山文部科学大臣がスーパーサイエンスハイスクールとか、スーパーイングリッシュランゲージハイスクールをつくると言った。これまた「政治主導」の産物だ。いずれも二〇〇二年から文科省の事業になっている。英語として正しいのかさえ疑わしいが、二〇一四年からはスーパーグローバルハイスクールなどと恥ずかしいような呼び名で学校を指定する事業も、文科省は行っている。「スーパー」というのは程度が甚《はなはだ》しい、凄いという意味での「超」ということで、それが偉いかのように言われる。だから、そもそも高度経済成長時代の近代の考え方だ。多ければ多いほどよい、速ければ、儲かればよいという、そこに戻っていくというのは反省がなく、あわてふためいており、喜劇じみている。

だが現実にスーパーサイエンスハイスクールに指定されているところが詰め込み式エリート教育をしているかというと、そうでもない。名称から想起させるものとはまるで違うのだ。指定された学校の方は冷静に受けとめ、時代に合った教育を行っている。

わたしもスーパーサイエンスハイスクールなるところに何校か行き、授業や学習のあり方を見た。そうしたところで行われているのは、世間のイメージにありがちな、超難問を解かせたり本来もっと上の年齢で教える内容を早期に教え込んだりするような種類のエリート教育ではない。知識を覚え込ませるのではなく、自分で調べて答えの出し方、その答えの意味まで含めて探求させるという、本来の意味で科学的な姿勢を教えたりしている。現在言われるようになってきている「アクティブ・ラーニング」なのだ。

スーパーサイエンスハイスクールに指定されている京都市立堀川高校は早くも一九九九年に「探求科」を設置しており、以来さらに学力を伸ばしている。わたしはこの「探求科」の授業のあり方を見て、これこそは「ゆとり」教育の目指したものだと得心した。「総合的な学習」と同様に、自分で調べて発表するスタイルなのだ。

同じくスーパーサイエンスハイスクールに指定されている兵庫県立三田祥雲館高校にも二度行った。ここもスーパーサイエンスハイスクールという名称とはイメージが違う。二年生の全員がグループに分かれて調べたことを発表するのだが、理科に関係する発表だけではなく、国語的な発表もあり英語的な発表もあり社会科的な発表もある。考えてみれば当然で、社会科学（social sciences）も人文科学（cultural sciences）もサイエンス、科学なのだから、基本的な方法の修得の重要性に違いはない。

そんな成功の姿があるとはいえ、そもそもスーパーサイエンスハイスクールと名付けてぶち上げようとした大臣には、「ゆとり教育で日本の科学技術の力が下がる」と言われて、じゃあスーパーナントカをつくろうという浅はかな発想があったのだと思う。文部科学省ホームページによれば、スーパーサイエンスハイスクールとは「将来の国際的な科学技術人材を育成することを目指し、理数系教育に重点を置いた研究開発を行う」高校なのだそうだ。しかし現実には「仕事」にすぐ役立つと買いかぶられている理数系の能力だけではなく、もっと大きく広く、人文科学も社会科学も含めて学んでいる。

こういう学校が出てきている。教育現場の方が柔軟だ。

いま、国立大学法人で人文系を軽視する政権の愚かな発想とは逆の豊かな学習が、わたしの見たいくつかの高校では実現している。

金さえかければ「よい」教育が受けられる?

子どもたちが、芽生え始めた興味関心を活かして学習していく場は、学校以外の場にもふんだんに用意されている。全ての学校で科学なら科学を最高のレベルで教える必要はない、などと言うと「金持ちの子は塾にでも何でも行けるが、行けない子はどうなるのか?」という話がすぐ出てくるが、あえて言えばそれは昔の左翼のパターン化した反応だ。そういう話を聞くと、いつの時代の地域における社会教育インフラを念頭に置いて言っているのかと思う。いまやインターネットは、家にコンピュータやスマートフォンがない子どもでも、図書館や公民館などの公共施設で使えるようになっている。図書館に行けばどんな本でも読めるし、放課後教室などで無料の科学教室を方々でやっている。そこに行く時間や余裕、あるいは動機がつくれないというのはもはや教育の問題ではなく、育児放棄や極度の貧困という社会福祉の領域になる。家庭の問題で社会から疎外され、せっかく地域に揃えてある学習インフラに接することさえできない子どもたちについては、福祉が出動する必要があろう。

一方で、経済的安定がないとよい教育が受けられないという、たしかに昔は一般的事実だったことがまだ尾を引いているあまり、逆に、金をかけさえすれば「よい」教育が受けられるという思い込みがはびこっている。

中高一貫校が受験に強いとか、エリート教育でお金がかかることと結びつけられていた時期は確かにあった。しかし今では、公立の中高一貫校もたくさんある。

もちろん、中高一貫教育だからいい学習ができるという論証はまだなされていない。わたし自身、私立中高一貫校の出身だが、そこがすばらしい学びの場だったとは思えない。以前は中高一貫校というと私立にしかなかったから、授業料も安くないということで、経済的階層で言えば高いところから多くの生徒が入っていた。経済的に恵まれた層に勉強ができる子が率としては多いというのは、もう階層が先か「能力」が先か、ほとんど永遠のテーマだから簡単に論ずるわけにはいかない。

ただ、どんな家に生まれようとも勉強しようと思えばできるという状態を守るのが、民主主義下の国民国家の基本だ。そうでなければ「同じ日本人」とか「愛国心」などと言って国民統合をしようとしても空しい。個々の得失をこえて一緒に社会をつくって生きていこうという根拠がなくなる。だからこそ役人はいつも「この制度は国民全員にとってどうなのか」を考えて仕事をしなければならない。それはわたし自身、文部官僚として肝に銘じてきたことだった。

近代が終わったから生涯学習なのだ

多くの方のご意見とは違うかもしれないが、わたしはたとえば、入学式や卒業式で「君が代」を「歌うか歌わないか」でもめるのは、あまり意味のないことだと思っている。「歌うか歌わないか」で闘っている教員たちは、入学式や卒業式で「歌わない」という示威行動をしているとも言える。その示威行動をさせないように、行政側の立場で教育委員会などが「口が動いているか、声が出ているか」チェックにくるという実にばかばかしい話になってきて、子どもたちだって嫌な気持ちになる。そんなやり方をしなくても「先生は君が代が嫌いなんだよ」と表明するのは自由なはずだ。

入学式や卒業式では「でも法で決まっているからそれは守らなければならない」と歌っておいて、「でも自分としては嫌いなんだ」と言う方がよほど、現在を生きる子どもに世の中について考えさせることになるのではないか。

もちろんわたしは、むりに君が代を歌わされる教員の内心の自由を軽んじているのではない。文化庁文化部長時代、文化庁長官は臨床心理学者の河合隼雄先生だった。一緒に何度も韓国に行ったのだが、その度に先生は言っておられた。「外面的支配ももちろん許されないが、内面支配はもっと許されない」と。イギリスなどが行った植民地支配では、現地エリートが自発的に英国化したとしても、一般民衆に言葉を変えろとか名前を変えろとかいうことまではしなかった。ところが朝鮮半島で日本は言葉を奪い、名前を奪い、そこにある文化を否定した。

日本の教育現場でも、君が代を相対化する内心の自由までは法的に奪われていないはずだし、もしそれが侵されそうなら、そこには抵抗していっていい。しかしその上で、物理的に君が代を歌うか歌わないという、あえて言えば矮小なところで闘って消耗するよりも、学校の授業の中で日本中の先生が、国旗・国歌法について子どもたちに考えさせることだってできるはずだ。そちらの方がより広く決定的に国民の自由に関わる。決まったら守らなければいけないことになるのが法律だが、この法律が決まるとどういうことが起こりうるか、それをどう考えるかを問う授業ができるはずだ。そしてその授業をすることは、おそらく、教員自身が君が代を歌わないことを貫くよりも、もっと大きな贈り物を子どもたちにのこすことにつながるのではないだろうか。

戦争の時の日本の超国家主義の悪を乗り越えるのが共産主義であり、社会主義なのだという、かつての日教組的教育はもはや成り立たなくなった。社会主義が本気で信じられていた時代は、それを信じる教師も本気でそう教えていたのだとは思う。

しかし現在、国家制度こそがいちばん大きい問題なのだろうか？　国家主義も共産主義も思い返してみればともに近代主義的エリート主義で、どちらも支配勢力による「知」の独占、「答え」の独占を伴うものだった。

しかし、国家制度が至上の問題である、という時代からさようならした瞬間に、教育の「内容」

は基本的に相対的な問題に過ぎなくなったのだ。定まった「答え」のない問いを考える時代になってきている。知を独占する競争をしていた時代から、知は共有するものである、と理念も現実的必要性も変わってきたはずなのだ。

近代が終わった、ポストモダンなのだと言われだして長い時間が経ったが、結局はこの国でもそれは流行の言葉として語られただけだった。近代という大きな仕組みが終わるときには、人々の生活も変わるし、価値観も変わる。したがって教育も文化も変わり、授業の形も、教え方、学び方も変わるのがあたりまえなのだ。

「生涯学習」という理念も実は「近代的価値観が終わる」「経済成長を前提とした時代が終わる」という未来予測から、必然的に導き出されたものだ。人々の寿命が伸びていく、老人がどう暇をつぶすか、ということだけで生涯学習が推進されてきたわけではない。

人口構成が高齢化していく以上、多くの人々はいままでの「定年」の時期をこえて、より長く働く必要が出てきている。しかも同じ仕事を続けていけるとは限らない。それまでの仕事の経験だけでは働けないかもしれない。だから五〇代になっても六〇代になってもあるいはそれ以上でも、新しいことを学び続ける必要がある。

高齢者ばかりではない。いまは勤め先がある人でも、その業界でいつまで充分な雇用があるとは限らないのだ。コスト競争・省力化で多くの作業がコンピュータやロボットに取って代わられ、あるいは労働力の安価な外国にアウトソーシングされていく。

いま就いている仕事が永遠にあるわけではない。一生同じ仕事を続けられるというのは、むしろ例外的なことになっていくだろう。働き手にとって、数年後は自分が何の仕事をしているかわからないというのが普通の状態になりつつある。先の見えない状況だからこそ、未来はどんな形で仕事をしていくか、と積極的に考え続け、学習し続けなければ働く機会は得にくくなる。自分を変化させ続けなければならないのだ。

ひとつの職場が、その人の生活のステージの変化を一生支え続けうるものではなくなっていく。専業主婦、または主夫がいることを前提に仕事のみに全力を傾注することを要求し、そのかわり病気で一時休職することなどがあっても戻ってくるポジションは用意されるといった、かつての大企業の正社員のような働き方ができる者はすでに少数派になっている。だから成長の時代にはかなりの部分、企業に頼っていた社会保障も、制度の造り直しが必要になってきている。

比較的安定した雇用が得られている人でも、老いた親を看るために、仕事を替える選択をせざるを得ない例が増えている。きょうだいの数も少ないいまの時代、家族の誰かが大きな病気にかかりでもすれば、生活の仕方を変えなければならないことになるだろう。転職が必要になった時、経済成長期には求人も多く選択肢はあったかもしれない。だが現在では、自分の能力を開発し続けていないと収入を維持しての転職は難しい。

ただ「能力」というとき、その意味する範囲が拡がってきているところに希望はあり、チャンスがある。企業で高い業績を挙げることだけが人間の能力ではない。まだまだ困難はあるが、営利だけではない価値を実現しようとするＮＰＯなどで働くという選択肢も増えてきている。また「仕事」ばかりではなく、どういう人間関係のつながりやリソースのなかで生きる空間を見出せるかというのが、当人の、また社会の幸福にとって重要な要素になってきている。

できることを拡げていくために、あらためて技術を身につけたり、資格を取る人が増えている。管理職になるような年齢の人で、別の業界に移っても同じく高収入の管理職ができるのは、グローバル人材などと呼ばれるごく一部の人たちだけだ。多くの働き手は「わたしにはこれができる」という具体的なことがらを増やし、拡げていくという形になるだろう。

高齢化社会、成熟経済の中で、公共に頼るだけではなく、できるならば個人として自立していくという考え方に立たないと、この先この国は成り立たないだろう。もちろん怪我や病気や障碍などで働くことが困難になっている人を全力で支えるのは、国家・公共の役割でありつづける。それが福祉国家というものだ。

個人の自立のありようは、人によってまったく違う。グローバル人材は国家をこえても「マネー」を稼げて自立していける人たちだが、それは人口のほんの一部。お金だけでなく、この社会を共につくって行くなかでこそ、自立ということも人生の価値も成り立つ人たちが、圧倒的に多いのだ。だからこそ、わたしたちは昔から、社会をつくって生きている。その点を正しく認識してから「一億総活躍社会」とか「人づくり革命」「人生一〇〇年時代の構想」とか言ってほしい。

社会はどうあるのがいいのか。そのことともに考えるとき、人の能力とか、どんな人が偉いのか、ということはそれほど簡単に答えが出る話ではない。

実はもう、若者たちはそれに気づいてきている。わたしは、いまの若者の方が、バブルの頃の若者よりもはるかに真摯だと思う。苦しい経済状況の中で生き方を考え、暮らしの中に新しい価値を発見し、おかしいと思うことに対して自分自身で考えて、その解決策を考えはじめる者もいる。ただ、新聞の意識調査などによれば、選挙権を持つ18歳から20代の層が現在の安倍政権を支持している比率が、それより上の世代に比べて多いというデータもあるようだ。われわれ大人が政治の大状況を彼らに伝えきれていないという反省も含めて、若い世代にはより大きな社会の状況にもっともっと目を向けてもらいたいと思う。

もはや学校ばかりが学びの場ではない

かつては、子どもを教育することを一種の「権益」ととらえ、「教育権」と称してその主導権を国家と日教組で争っていた。教師は「聖職」なのか労働者なのか、というへんな議論もあった。そんな過大な思い入れを右も左もやめてほしいとわたしは思う。学校の先生は算数なら算数の知識を教える能力に長《た》けている人に過ぎないと、とりあえず思った方がいい。全人格的にこの人を手本にしなさいというものではない。子どもの人間性を育てるのは、学校の先生だけではない。教師も保護者も地域の大人たちも、そのことに気づいたうえで学校教育にはなにができるか考える方がいい。

現役の役人だったころに、ある高校生に言われたことがある。「どうしようもない先生がいる、文部省として責任を感じないのか」と言うのだ。わたしが「その先生の態度は君にとっては耐え難いんだね」と聞くと「耐え難いです」。それでまたわたしが「君のクラスの全ての人がその教師を耐え難いと思っているのか」と聞く。高校生は言う「好感を持っている人もいます」。わたしは答えた。「じゃあ、そういう人がいてもしようがないんじゃないの。あらゆる人にとってどうしようもない教師がいたら、文部省も責任を感じないといけないけれど、君にとってしようがないというだけの話でしょう。小・中・高校で何十人という教員に会っていくなかで、君がどうしようもないと思う人が二人や三人いるのは当然のことじゃないの」

その高校生も「なるほど」と納得した。いろいろな人がいるのが世の中として当然なのに、教員の中に気に入らない人がいるのはおかしい、ということにすぐなってしまう。学校の先生とは全員、きちんとした大人の手本でなければならないと願ってもそれは無理だろう。

もともと、学校にしつけや人間性の涵養《かんよう》を期待しすぎても思惑は外れる。もちろん、その中にいる立派な教員は、その子どもがそれに気づけば、その子にとって生き方の「恩師」となっていくだろう。それは人生にとって価値あることだ。しかし教員にもダメな人も当然いる。

だからこそ「地域の教育力」だ、ということも言われる。だがやはり地域の大人もいろいろだ。ある人物ひとりが全ての答えを与えてくれるわけはない。人と人とがつながりをつくっているさまざまな場やいろいろな人との関係のなかでこそ、まだ見えない未来を生きていく、子どもたちの知恵が育っていくのだろう。

市民自ら社会を創っていく、という理想は引き続き追求されていくべきだとは思う。だが一方で「普通の人々」が劣化してきているという話もある。好景気でなくなって、階層化、格差が広がるにつれて、ダメな大人も増えているといえばそういうふうにも見えるかもしれない。「バブルよ、もう一度」とか場合によっては「戦争も辞さない」と考える大人たち。結局はカネだ、と毎日語られているような世の中。知識や、カネを独占した「エリート」になることだけが幸せであり、「勝ち」であるかのような風潮。

教育でやるべきことは、その競争に乗せられることばかりが人の生き方ではない、と気づく機会を提供することではないだろうか。この社会のなかで自分を活かし、他者をも活かし得る場所がどこかにある、それを見つけようじゃないか、と一緒に考える。なかなか見つからないかもしれない。だがあきらめずに考えていけば、この社会のどこに問題があるかもいくらかは見えてくるのではないだろうか。

「ひとりひとりがスペシャル・ケースだ」

さきにも触れたように、学校現場では二〇〇七年から特別支援教育が本格実施段階に入った。

何らかの障碍を持つ子どもの親御さんの話を聞く機会もよくあるのだが、公立の小中学校では、かなりよくやっているところも多いようだ。公立だから、制度として決まればちゃんとやるのが当たり前だ。好き嫌いや向き不向きの問題ではなく、社会が出した進むべき方向への答えを、実践していくのが公立校の教員であるはずなのだ。

もちろんがんばっているのは公立だけではない。

わたしは星槎《せいさ》国際学園という、「普通」の中学校や高校に通うことに困難を感じた子どもたちのための学校に長らく関わっている。星槎には中学、高校だけでなく、通信制の大学、大学院まであり、そこでスクーリングの授業も受け持つ。わたしがスクーリングで出会った受講生の中にも、特別支援教育を学ぶ者がかなりの数いる。

特別支援という考え方は、包摂社会をつくっていくためのもので、まことに素晴らしい。が、思えば「包摂」というとらえ方は特別支援教育だけに必要なのではなく、教育の世界全体になければいけないものだ。以前は支援の必要な、何らかの障碍や生育環境の問題、ＬＧＢＴなどを抱えた子どもを、心理カウンセリングの世界では「スペシャル・ケース」と呼ぶ場合があったという。ある臨床心理士は、スクールカウンセラーをしながら「ひとりひとりがスペシャル・ケースだ」という思いに到達したという。

本当にもっともな気づきだとわたしも思う。勉強が「できる／できない」といったことには関係なく、すべての子どもが、その子どもなりの、教育の場での助けを必要としている。「普通」

の子だから問題はない、などというのは見方が浅い。

特別支援の理念とは、実は教育全体の理念にしていくべきものなのだ。

特別支援の考え方では、たとえば「あらゆる子どもは学習障碍でありうる」という発想に立っていい。人間を均等・等質だと考え、またそのように型にはめていく時代は終わった。人口増加から減少に転じた今、ひとりひとりの子どもに社会も教員も向き合い、ていねいによいところを伸ばし、また抱えている問題をとりのぞき、たとえ完全にはとりのぞけないとしても少しでも緩和するような教育のあり方が必要になっている。

それには担当する人員を増やすことが必要だという議論が基本だろうが、現政権の態度を見ていると、すべての子どもの可能性のために予算をしっかり確保しようとしている様子はまったく感じられない。子どもの貧困問題の解決でさえ民間に寄付を呼びかけるありさまで、国民の基本的な生活と教育を支えることこそが国の第一の責務であるという意識は少しも感じられない。「子どもの貧困対策法」を制定し、口先では「一億総活躍」とか言うものの、逆に、下に落っこちた、というより落っことした人たちは見捨てて行くという姿勢だ。これでは状況は改善しないだろう。

だからこそ改めて言いたいのだが、わたしは公立学校の教員を含めた公務員のがんばりに期待している。予算も足りない、人手も足りない中で酷《こく》な言い方かもしれないけれど、あえて無理をお願いしたい。国家の制度が直接救おうとしない弱い立場の人々をわずかでも助けていけるのは、個々の公務員の配慮や工夫なのだ。貧困や格差が著しくなっていく一方である今の厳しい時代を乗り切るには、国民全体の奉仕者である公務員の健闘に頼らざるを得ない。

これは、今という時代を本当の民主主義が誕生するための過渡期にできるかどうかにつながっている。

戦前までの公務員が「お上」と思われていた時代から転じ、新しい憲法の下で「全体の奉仕者」すなわちパブリック・サーヴァント、公僕だとはっきりさせて七〇年が経った。しかし、建前はサーヴァントでも実際には「お上」として振る舞ってしまう場面もあったり、本来は公僕である公務員の使用者であるはずの国民の側が公務員イコール「お上」という意識を捨てきれなかったりするところもあって、なかなか変わりきれないでいた。

教育に関することでいうと、モンスター・ペアレントの問題にしても、公務員が自らを公僕と考えれば使用者である相手の要求や苦情の内容を、かなり無茶なものであってもいったんきちんと聞くのは職務のうちだ。もちろん、相手の言いなりになる必要はない。できることはできる、できないことはできないと、論理的に説明をするのも公僕の務めである。不可能ならなぜ不可能なのか、法的規制や予算上の制約などの具体的理由を示せば相手も納得せざるを得まい。

その作業をしようともせず相手をモンスター・ペアレント呼ばわりするようでは、民主主義を否定することになる。昔の、二〇年ほど前までの学校や教育行政は閉鎖的で、国民の声をシャットアウトしていた。モンスター・ペアレントどころか、正当な要求や苦情でも受け付けないことが多かった。

あの時代に比べれば、ずいぶん変わってきたではないか。もう少しがんばって、誠実な対応を進めてはどうか。あるところまで行けば、国民の側が公務員を信頼するようになる。公僕に任せておけば自分たちのためにきちんとやってくれるのだ、と。相互の信頼関係が生まれれば、公務員が真の意味でのパブリック・サーヴァントになる。それが民主主義の成熟というものだろう。

第3章　安倍政権以降、なにがおかしくなったのか？

あれよあれよという間に変わる世の中

一八歳選挙権が実現した。歴史教科書問題とともに、今度は「公民教科書問題」が出てくるだろう。民主主義の国にとって公民教育が重要なのは当然だ。本当は、これまでもずっと重要だったわけだが、受験科目としては重要でないから放っておかれただけのことだ。第2章で触れた公務員の在り方やクレーマーとかモンスターペアレントとかいう問題をどうしていくのかというのも、公民を学習するなかでみなで考えていくべきことだと思う。いや、これらこそ民主主義のルールをあらためて考えるには格好のテーマのひとつかもしれない。

二〇一二年に第二次安倍政権が誕生して以来、あれよあれよという間にとんでもない世の中になってしまった。二〇一四年に閣議決定された解釈改憲による集団的自衛権行使。こんな時代がこんなに簡単に来てしまうとは夢にも思わなかった人も多いだろう。わたしもその一人だった。「教え子を再び戦場に送るな」というのは、隣国の大戦乱である朝鮮戦争下の一九五一年に日教組が作ったスローガンで、その後ずっと使われてきた。しかし多くの国民は、すぐ「戦争の危機」を持ち出すのは時代錯誤だと違和感を持っていたことだろう。わたし自身もそうだった。だが、こんなに速く、意外にあっさりと状況が一変してしまうということも、さきの大戦に突入した時代の歴史の教訓であったはずなのだ。

政権誕生から一年半後の二〇一四年七月一日、国会による議論や議決を経ることなく「国の存立を全うし、国民を守るための切れ目のない安全保障法制の整備について」と題する閣議決定で事実上決められてしまった方向は、二〇一五年の安全保障関連法制の制定へと進んだ。

閣議決定の直後、わたしは毎週更新しているコラムに次のような文章を書いた。これは「考える高校生のためのサイト『マンモＴＶ』」の中のもの。わたしはそこで、高校生へ向けてのコラムを、二〇〇一年四月から一七年三月まで一六年間にわたり、毎週連載していた（今もネット上で閲覧できる）。

七月一日の閣議で、集団的自衛権行使容認の閣議決定がなされたことは、高校生の皆さんもご存知だと思います。

たしかに、そうなったからといって、すぐさま日本が戦争をしたり戦争に巻き込まれたりするわけではありません。

しかし、これまでわれわれは日本国憲法の精神とその第九条の規定の下、日本は絶対に戦争はしないし、戦争に巻き込まれることもしないと思ってきました。現に、戦後の一九五二年に生まれたわたしは、生まれてからずっとそう考えてきました。実際、中国の共産党と国民党との内戦にも、朝鮮戦争にもベトナム戦争にも巻き込まれていません。

それが、あの閣議決定によって状況が変わってきたのは確実です。少なくとも、今までの「絶対に起こり得ない」という感覚はなくなりました。何かの拍子に国民の世論が異常な盛り上がり方をしたり、大きな権力を持った政治家が暴走したりした場合に、戦争に巻き込まれるような形で集団的自衛権が行使される可能性は否定できなくなりました。

このことを、わたしたち国民は常に考え、自分たちが異常な熱にうかされたりしないか、政治家が暴走しないか、注意深く見守らなければなりません。特に高校生の皆さんのような若い世代は自分たちのことととして考えないと、これから戦争に巻き込まれる当事者になりかねません。

もちろん、大人のわたしも皆さん方若い世代がそんなことにならないよう、七月一日以降さらに一生懸命ものを考える決意をしています。今後はこのコラムでも、そうした問題提起を時々にしていきたいと思います。

さて、最近、小野寺防衛相がアメリカ海軍の強襲揚陸艦マキンアイランドの艦上に立ち、日本も尖閣諸島のような離島を防衛するためにこんな艦艇を持つと表明する映像をテレビニュースで見ました。「強襲揚陸艦」とはその艦と搭載した航空機の力で上陸する兵士を援護し、敵のいる海岸に上陸攻撃をかけるための軍艦です。憲法九条がある限り、どんな閣議決定がなされようと外国の海岸や島に上陸作戦を行うことはあり得ませんから、国内の離島が外国から占領されたときに助けに行く手段として使われるわけでしょう。

ところで、マキンアイランドという艦名の由来であるマキン島は、太平洋戦争で日本軍が玉砕（つまり全滅）した戦いがあったところです。約四九〇〇名の守備隊が、多数の空母や戦艦の支援を受けた約六四〇〇名のアメリカ軍上陸部隊に襲われ、一名の生存者以外全員戦死しました（他に朝鮮から連れてこられた（連行された）軍属が二〇〇名いて、戦闘に巻き込まれて半数が死亡しています）。

地図でギルバート諸島のマキン島を見つけてみてください。日本から南東に四五〇〇ｋｍ以上離れたところです。その絶海の孤島で、逃げ場もなく命を落とした人たちがいる。戦争ってそういうことが起きる事態なのです。

マキン島は戦争前イギリスの植民地であり、アメリカ、イギリスなどの国々と戦争を始めた日本は、敵の領土を占領する作戦を行い、この島を支配下に置きました。でも、アメリカが反撃してきたとき、そこを守っていた日本軍は圧倒的な力の差の下で全滅してしまうのです。戦争は勝つときもある、負けるときもある。ただ、どちらの場合でもそこでたくさんの人が死ぬのです。マキン島の戦いで勝ったアメリカ軍も、日本軍より多い約七六〇名が戦死しています。

戦争とは人が死ぬものなのだということを、まず常に頭に置いていてください。

戦争放棄という英断ゆえに戦後多くの国々との友好関係を回復でき、経済活動に励んでこれだけの繁栄を築いてきたのを忘れてはなるまい。それなのに、日本を自衛するための組織であるはずの自衛隊が国外の戦場に送られかねない状況になってしまった。

この一年二ヶ月後の二〇一五年九月に国会で可決された安全保障関連法は、大多数の憲法学者が違憲と判断する性質のものであり、これが成立したことは立憲主義の破壊の始まりだとわたしは思う。

改憲を悲願としていながら、立憲主義を軽視しているこの政権。政権の成立根拠そのものである憲法を、自分たちの判断だけを根拠に変えてしまおうとしている。違憲の疑いが強い決定を、「国権の最高機関」（憲法41条）である国会に諮ることなく閣議のみで行ってしまった。99条の「天皇又は摂政及び国務大臣、国会議員、裁判官その他の公務員は、この憲法を尊重し擁護する義務を負ふ」に照らしても怪しい。

なぜ、第二次安倍政権誕生後たった一年半ほどの間にこんな乱暴が行える事態になってしまったのか。尖閣、竹島、従軍慰安婦などの問題が過度に強調される空気が急速に広まり、日本社会の中に外国と力で対決する必要があるという考え方が濃くなってきた。マスコミはその動きを煽りこそすれ、落ち着いた議論の場をつくりあげる余裕を失い、社会の木鐸《ぼくたく》の役割を果たす気配もない。いつのまにか、ひとつの「流れ」が出来上がってしまった。

安全保障の問題だけではない。教育についても大きな「流れ」がつくられている。第二次安倍政権が誕生するやいなや、第一次政権でも声高に叫ばれた「教育再生」が合言葉になった。自民党の圧倒的勝利でこの政権を生んだ二〇一二年衆議院選挙の政権公約で「危機的状況に陥ったわが国の『教育』を立て直します」と謳《うた》ったことを受け、動きは急速だった。

政権誕生前から自民党内に組織されていた「教育再生実行本部」、二〇一三年初めに首相直属の形で設置された「教育再生実行会議」が矢継ぎ早の提言を連発する。それらを受け、「教育再生担当大臣」を兼務する下村博文文科相（当時）は猛然と提言内容を実行に移し始めた。それは、第一次政権がたった一年で自壊し自分たちの望んだ教育再生がうやむやになった怨念を晴らすかのような勢いだった。

第二次政権発足後一年も経過しない二〇一三年一一月には、当面実行する「主な文部科学行政施策（三八項目）」を下村文科相が発表したが、そのうち実に二六項目が「教育再生」「グローバル人材育成」と銘打たれた教育政策だった。高校授業料無償化見直し、教育委員会改革、教科書改革、土曜授業の導入、道徳の教科化、大学ガバナンス改革、大学入試改革、学制改革……どこをどのように変えるのか以前に、とにかく改革だ、と勇ましい言葉が踊る。

高校授業料無償化の見直しについては、衆参両院での数の力で同年中に改正法を成立させてしまった。衆議院文部科学委員会の民主党（当時）推薦参考人としてわたしも審議の一部に参加したが、巨大与党のなし崩しに押し切る議会運営を目の当たりにした思いだった。民主党政権時代の政策を否定しようとする一心で、バラマキ呼ばわりをして制度自体を廃止しようとした。最終的には、連立を組む公明党から反対され所得制限を設けることで決着したのだが、それにしてもこれは、臨時教育審議会答申以来日本の教育制度の基本理念となっている「いつでも、どこでも、だれでも学べる」生涯学習社会を作っていく方向にまったく逆行している。安倍「教育再生」のどこがおかしいかを理解してもらうために、この方針変更の中身を精査してみよう。

子どもは家や国家の持ち物ではない

民主党政権による公立高校授業料無償制が実現し、私立についても高等学校等就学支援金制度により授業料補助が行われて、全ての高校生の学習費用負担の軽減措置がとられたのは、二〇一〇年四月のことだった。これまで小中学校の義務教育段階にしか保障されていなかった授業料無償が、初めて高校教育段階まで広がった。

憲法26条後段には、「すべて国民は、法律の定めるところにより、その保護する子女に普通教育を受けさせる義務を負ふ。義務教育は、これを無償とする」とある。「義務教育」の範囲は、現在のところ学校教育法という「法律の定めるところにより」小中学校となっている。

だが憲法の精神は本来、26条前段にある通り「すべて国民は、法律の定めるところにより、その能力に応じて、ひとしく教育を受ける権利を有する」とするのであって、可能な限り教育を受ける権利を保障する方向を目指している。つまり、財政的に許せば高校教育や大学教育までも無償にすることが求められていることになる。これは世界的な潮流でもあり、国連人権規約もまた、大学教育までの「無償教育の漸進的な導入」を謳っている。

戦後間もない新制高校発足時は日本も貧しく、中学校までが精一杯だったろう。しかしその後世界で五本の指に入る経済大国になり、高校進学率も九七%に及ぶ現在、無償化する範囲を広げるのは遅きに失した感さえあるくらいだ。決して、「度を超した社会給付」などではない。

ところが民主党から自民党へ政権が替わるやいなやいわゆる「バラマキ」批判が高まり、制度は存続するものの所得制限が課される方向へ向かった。しかも急な制度変更を避けるため一五年度から実施の予定だったのが、いつの間にか一四年度に前倒しされる。二〇一四年四月から、世帯年収九一〇万円以上の家庭の子どもは無償制の対象から外れることになった。

その結果、対象者とそうでない者が生徒間で意識されるという心理的問題や、高校側の授業料徴収業務の煩雑化などの事務的問題が生じた。しかし、もっと大きな問題点は制度の根幹をなす理念の部分にある。それは、所得制限が生徒本人ではなく保護者の年収に左右されて決められる点だ。

現在、公立小中学校の授業料にしろ、教科書無償配布にしろ、所得制限は一切ない。それは、保護者の収入と関係なく子どもが教育を受ける権利を保障し、学ぶチャンスを均等に与える考え方に立脚している。社会の責任において「いつでも、どこでも、だれでも学べる」体制を用意する生涯学習社会の実現を目標に置いたものだ。

そこには、学習者はあくまで子どもであり、保護者のためでなく自分のための制度なのだという当事者意識と、自分自身に学ぶ権利があるという誇りを持って学習に励んでもらいたいとの願いが込められている。公立高校授業料無償制も、同じ理念の下で行われなければならない。高校生には、小中学生より明瞭にその願いが理解できるはずだ。社会全体に支えられて学ぶことができた結果得た力を、大人になって今度は社会に還元してくれればいい。それが、この社会に「公共領域」を育て、多様な人々が共に生きることを模索する、「ポスト近代」にふさわしい考え方だと思う。

ところが自民党政権は社会が子どもを独立した人権を持つ存在として遇するのが気に食わず、子どもの養育・教育はあくまで家族の責任、という線を引きたいのだろう。なにしろ、ありもしない過去の美徳にしがみつき、自分たち好みのところだけつまみ食いする守旧派なのだ。彼らの作った改憲草案を見れば、それは明白ではないか。改憲草案では24条に「家族は、社会の自然かつ基礎的な単位として、尊重される」「家族は、互いに助け合わなければならない」とある。国民に、家族助け合うという新しい義務を課そうというのである。

所得が高い家庭に対しては、累進課税の強化や特定扶養控除などで均衡をとればいいではないか。要は、この社会全体が、学ぼうとする子ども個人を全力で応援し高校教育を提供しようとしていることを示すのが重要なのだ。それが定着し国民の賛意を得られれば、次はこの理念が高等教育にまで広がるのも夢ではなかった。最近になって安倍首相は、改憲の項目や衆議院を解散する名目のために高等教育の無償化を急に持ち出しているが、真剣な提案でないことは一目瞭然だ。

安倍政権が次に打ち出したのは、教育委員会制度の改変。当初は、教育委員会を廃止して首長に教育行政の権限を与えるという乱暴な案さえ出されていた。「統治機構改革」を叫ぶ「維新」の橋下徹氏などの動きとも呼応していた。改憲勢力に取り込みたい下心もあったのだろう。だがさすがにそこまでは行かず、教育委員会を存続させ、教育行政の政治からの独立を守りつつも、首長の教育委員会に対する関与を強化する形で、二〇一五年四月から新教育委員会制度が発足した。

教育委員会の独立性は大切だ。蜷川《にながわ》京都府知事、美濃部《みのべ》東京都知事など革新系首長が多数登場していた時代、自民党が懸念する教育行政の左傾化を食い止めたのは教育委員会の独立性だった。わたし自身、一九八四年四月から八六年三月まで二年間福岡県教育委員会の課長に出向したとき、社会党、共産党の支持を受けた奥田八二知事から独立して教育行政の連続性を貫いた教育委員会の一員であった経験がある。どんな政治思想の人間が首長になるかでその自治体の教育がいちいち左右されるのではたまったものではない。

教育委員会に対する首長の関与の範囲は、もともと、決して小さなものではなかった。教育委員を任命する権限は首長が有しており、教育委員長も教育長も教育委員でなければならないから、それらの職を直接任命できないとしても間接的に意向を反映できる。教育委員の任期は自治体首長と同じく四年だったから、もし首長が二期以上務めれば自ずと全教育委員の任命に関与できるわけだ。

また、教育長の下にいる事務局職員は、教員出身の専門職以外は全て自治体職員であり、首長部局と共通人事で異動が行われる。したがって首長の人事権の影響下にある。教育関係の予算要求は教育委員会が行うが、査定するのは首長だから、学校施設や教材の整備、教員数やその給与の増減など予算と連動する政策はその了承なしには実行できない。例えば、教育委員会がユニークな教育内容の学校を新設しようとしても、予算が認められなければ建設も運営もできない。

首長が直接手を出せないのは、既存の学校をどう運営し、教員をどう配置し仕事をさせ、子どもたちにどのような教育を行っていくかという、純然たる教育内容に係わる部分だけと言ってもいいくらいなのだ。その部分は、まさに教育の中核をなすわけで、だからこそ専門的知見をふまえて慎重な運営がなされなければならない。

戦前の軍国主義や戦後の左翼イデオロギー主義のような偏った政治思想から完全に独立しているべきなのはもちろん、単なる多数決による「民意」に左右されるのでなく、豊かな学識や見識を持つ人々による議論が必要であり、教育実践、教育理論などの専門家の見方が尊重されるべきだというのが、戦後の教育体制を作り上げていく際の根本理念だったのである。

教育委員会制度は、この理念を貫徹するために導入された。

それぞれの建学の精神に従って独自の教育をする私立学校や、営利目的で経営される教育産業とは異なり、公立学校には不偏不党の中立公正性や、誰でも受け入れる公的性質が求められる。ゆえに私学や企業は首長部局の所管であってもいいが、公教育の中心となる公立学校は教育委員会によって司《つかさど》られることとなった。日本国憲法、教育基本法を前提とする以上、ここだけは、断じてゆるがせにはできない。

教育行政の仕組みが、均衡作用を失いつつある

二〇一五年の制度改定で首長の関与の力は著しく増大した。まず、当該自治体の「教育、学術及び文化の振興に関する総合的な施策の大綱」を首長が定めることとされた。この大綱を定めたり改定したりする際は首長と教育委員会で構成する「総合教育会議」において協議する必要はあるが、その運営のイニシアティブは首長の側にあり、決定された大綱に教育委員会は従わなければならない。

また、それまでは教育委員の任命権こそ首長が有していたものの、教育委員会の長である教育委員長は委員による互選だったし、教育委員会事務局の長である教育長は委員の中から教育委員

会が任命していた。それを、先述のように「教育委員長と教育長の二人も「長」がいると誰が責任者かわかりにくい」「教育委員長はお飾りのようなものになっている」との理由で教育委員長職を廃止し、教育長を教育委員会及び事務局の長という一元的権限を持った責任者とし、首長が直接任命することになった。しかも、教育委員の任期は四年であるにもかかわらず教育長の任期は三年にして、首長が四年の単一任期の間に必ず自分の見込んだ人間を教育長に選べるようにしたのである。

これはおかしな理屈だ。教育委員会と事務局の関係は、いわば国会と政府である。国権の最高機関が国会であるように、教育に関する最高機関は教育委員会であり、国会議員の中から選ばれた総理大臣が政府を率いるように、教育委員の中から選ばれた教育長が事務局を率いるのが従来の考え方だった。国会と政府の間に立法府と行政府のバランスがあるのと同じく、教育委員会と事務局の健全な関係があってこそ円滑な教育行政が可能になる。それを、教育長が教育委員会及び事務局の長を兼ねることにしたのでは、衆議院、参議院の議長と総理大臣が同一人物になるようなものである。

わたしが以前の制度下で、広島県教育長を務めた経験はさきに述べた。そこにも書いたように、教育委員長の役割は、そこに人さえ得れば決して軽いものではない。近年は首長部局の行政職から教育長が起用されるケースが大多数を占めてきていた。そこに、地域の教育に真に豊かな知見が反映される機会は減っている。そうではなく、首長、教育に詳しい教育委員長、行政の実際に通暁した教育長の三者が政治、教育、行政の立場で互いに機能補完し支え合うことこそ教育委員会制度の最も理想的に作動する形だったはずなのだ。

たしかに「お飾り」のような教育委員長がいたことも事実だろう。しかし、人選や運用が拙いからといって制度のせいにするのは筋違いだ。どのような運用がなされるべきかの徹底した議論もせずに「改革」を気取って制度いじりに走ってしまうのは、見栄えの良いスタンドプレーではあるが危なっかしい。

こうした拙速の「改革」が行われた背景には、ポピュリズム的人気を誇る首長たちの存在があった。大阪府知事から大阪市長に転じた橋下徹知事・市長もそうだ。氏は知事時代の二〇〇八年、全国一斉学力テストの成績を公表しようとしない市町村教育委員会を「クソ教育委員会」と、口汚く罵り、府教育委員会はもちろん管轄する市町村の教育委員会の行う教育行政にまで著しく介入した。教育委員会制度の廃止を最初に主張し始めたのも橋下知事である。

ただこれは結局、自らが任命した大阪府教育委員たちとの対立を生むなど行き過ぎが明白になり、指導すべき文部科学省も匙《さじ》を投げる大阪独自の異常状況と受け止められた。マスコミの報道も橋下知事の特異なキャラクターにスポットを当てたものとなり、当時の民主党政権が「橋下現象」と距離を置いていたこともあって、国の施策に反映されるべきものとは思われていなかった。

ところが、一一年一〇月に起きた、滋賀県大津市の中学二年生がいじめにより自殺した事件により、一部の教育委員会の機能不全の問題が全国的に取り上げられるようになる。たしかに、この事件における教育委員会及び教育委員会事務局の対応は隠蔽体質との誹《そし》りを免れまい。悲惨な事件だけにマスコミもセンセーショナルに取り上げ、学校、教員、教育委員会に対するバッシング報道が渦を巻いた。報道を受け、いじめによる警察への被害届けが急増し、社会問題化する。

そのさなか、二〇一二年一月に当選した越直美大津市長は、弁護士の経歴を生かしこの事件の対応に積極的に当たり、いじめ自殺再発防止についてマスコミや国に対して積極的に働きかけた。その結果、文部科学省も二〇一二年一一月には「犯罪行為として取り扱われるべきと認められるいじめ事案に関する警察への相談・通報について」、翌二〇一三年一月には「いじめ問題への的確な対応に向けた警察との連携について」の通知を発出し、警察との連携を強化するに至る。さらに同年六月には、重大ないじめの場合、首長や文部科学省への報告義務や各学校にいじめ対策のための組織を常設することなどを定めた「いじめ防止対策推進法」が制定された。

ただし、越市長がこの問題に熱心なあまり、橋下氏の論に乗せられて教育委員会不要論を唱えたのは明らかに行き過ぎだった。たしかにいじめ問題への大津市教育委員会の対応は拙劣《せつれつ》だったし、教育委員長や教育長の責任が問われる必要もあったろう。しかし、就任早々で教育委員会制度の持つ本来の意味や意義を十分理解することのないまま不要論を喧伝《けんでん》したのはいただけない。

大阪市長に転じた橋下氏や、越市長らの自治体首長により、教育委員会不要論はマスコミでも大々的に取り上げられるようになり、国としても無視できない雰囲気が醸成されていった。その「流れ」を危惧して、当時、わたしは次のような一文を書いている。

大津市の「いじめ自殺事件」を機に「いじめ問題」に関する報道や論評が氾濫している。もちろん、中学生が自殺に追い込まれた事実は何より重く受け止めなければならない。子どもが学校でのいじめによって命を自ら絶つなど断じてあるまじき事態だ。事件と直接関係のないわたし自身を含め、この社会に暮らす全ての大人が、そのことを真摯に受け止めて自分の無力を恥じ、責任を痛感しなければならないと思う。

しかし、報道や論評の場で行われているのは犯人捜しや関係者批判ばかりである。そこに感じ取れるのは、日本の大人全体の不寛容な意識だ。これこそ、学校のみならずあらゆる場でいじめが起きる大きな要因ではないのか。誰かを犯人にして叩く社会である限り、子どもの世界でも同じことが起きる。子どもは、大人の背中を見ている。

今回は、教員や教育委員会まで犯人扱いである。たしかに、対応に適切を欠く点があったのは否めないのだろう。それにしても今回の教員批判、教育委員会批判は、これまでの同種事例と比べて度を超している。ネットの普及ということもあろうが、社会の不寛容化が進んでいるのが心配だ。違いを認め、あらゆる人と共生していこうとする寛容さこそがいじめを減らしていくのだけれど。

その一方で、大津市や大阪市の人気者市長が、教育委員会任せだからこんなていたらくなのだと、教育委員会不要論を唱え衆目を集めている。市長が直接教育行政を行えばいじめも自殺もなくなるって？　それなら誰も苦労しない。

いじめゼロなんて理想に過ぎず、常にいじめが起こり得る状況の中で、子どもの命を守ることは学校、家庭、地域の教育における至上命題である。学校教育、社会教育の専門組織である教育委員会の奮起なくしてこの命題は果たせない。教育委員会をなくすのでなく、逆に予算、人員、人事面で強化することこそ首長の責務ではないのか。文部科学省も臆することなく直言してやればいいのに……。（二〇一二年八月『内外教育』）

広島県教育長時代に、わたしもいじめ自殺問題に取り組んだ経験がある。一九九五年に起き、社会を揺るがした愛知県での中学生いじめ自殺事件を機に、いじめ自殺防止へ向けて全国の教育委員会が対応を迫られたときだ。結局のところ、教育行政の専門家集団である事務局を擁する教育委員会にしかきめ細かい対応はできないと、まさに実感した。

教育委員会制度にとって不幸なことに、二〇一二年一二月に起きた大阪市立桜宮高校における教員の体罰に起因する自殺事件が教育委員会批判に拍車をかける状況があった。今度は大阪、橋下市長のお膝元である。しかも原因は生徒同士のいじめではなく教員の体罰なのだから、学校や教育委員会への攻撃はさらに強まった。

教育行政が政治の道具に堕ちている

政治的思惑も作用した。二〇一二年九月、橋下市長は地域政党「大阪維新の会」を国政政党「日本維新の会」に発展させ、同年一二月の衆議院選挙では五四議席を獲得して自民、民主に次ぐ第三党の位置を占める。衆議院、参議院の三分の二を取ることによって憲法改定を目論む安倍政権は、改憲に積極的な日本維新の会の取り込みを図るようになっていった。そのためには、橋下市長の意に沿う政策を取っていくことになる。

日本維新の会の教育政策は、教育委員会制度の廃止、学校選択の保障、校長権限の強化、教育バウチャー制度、労働組合活動の総点検などだった。中でも、マスコミや世論の賛成も得やすい状況にあった教育委員会制度の変革が急がれることになる。まさにポピュリズム的手法だ。早くも二〇一四年の通常国会で「地方教育行政の組織及び運営に関する法律」が改定され、前述のように一五年四月から新しい教育委員会制度が発足した。

戦後の地方における教育行政を担ってきた制度を変えるのには、いかにも短慮《たんりょ》で行われた印象だ。最初から教育委員会廃止論がベースになっていたために、文科省も廃止を食い止めるのが精一杯で、首長の関与の大幅強化はなし崩しに決まり、深い議論がなされる余地はなかった。特に、最大の問題であった教育委員や教育長の人選と委員会の運用について十分な検討がなされぬまま、旧制度の教育委員長と教育長の権限を集中させた「新・教育長」制度が出発したことは、子どもたちのための施策と政治の都合との、本末転倒の感が拭えない。

ムードに押された改革論議の中、破綻は次々と生じている。「全国学力テスト」の項で述べたように、静岡県の川勝平太知事は、県教育委員会に対し二〇一三年度から全国一斉学力テストの結果を公表することを迫り、文部科学省が示した憂慮にも構わず成績優秀校の校長名を公表する（そのことにより、それ以外の校長に不満を表明する）暴挙に出た。教育委員会は反発し、知事との関係は悪化した。そして二〇一五年四月の制度改定を待たず、以前の制度下で任命された教育長は任期を余して辞任に追い込まれ、教育委員長もその任を解かれた。そして知事のお気に入りの「新・教育長」が登場するかに見えた。

ところが、知事の意中の人物の選任同意を三月の県議会に諮った段階で、この人物に逮捕歴があるなど不適切な点があるとわかり、人事は白紙に戻された。その後五月二一日になってようやく別の人物を「新・教育長」としたが、子どもたちと学校にとっても重要な新学年スタートの四月から五〇日間も、教育委員会及び事務局のトップが不在という異常事態を引き起こしたのだ。

先に触れたように、旧教育委員会制度の下ではあるが、橋下大阪府知事が強い主導権を発揮して選んだ教育委員と深刻な対立に陥った件もあった。越大津市長も、いじめ事件当時の教育長の後任として自らの肝煎《きもい》りで起用した民間人出身教育長と、二〇一四年の市議会で早くも対立し、教育長はわずか一年余りで辞任した。その後任の教育長も一六年二月に辞任し、一六年四月から

「新・教育長」が任命されている。市長就任後の四年余りの期間に四人の教育長という、これまた異常事態となっている。

もちろん、教育委員会がまったく無謬の機関であるとは言えない。個別の案件ひとつひとつを見ると、その仕事ぶりにさまざまな問題があるのも事実だろう。教育行政をあずかる機関として緊張感と責任感をもって仕事に当たる覚悟を忘れてはならない。しかし、教育について素人の首長が思いつきや好悪の感情で教育に介入することの弊害は、もっと大きなものがある。

もうひとつ、ここで注意喚起しておきたいのは、こうした「改革」の異常なまでのスピードだ。高校授業料無償化見直し、教育委員会制度改革のいずれも、根本的な理念の議論などなしに、駆け足で制度が変えられた。

ただ、民主党政権による高校授業料無償化の際も同様の拙速さがあったのは事実だ。二〇〇九年九月に政権についてからわずか半年後の一〇年四月からの高校授業料無償化実施は、「善は急げ」ではあってもいかにも乱暴だった。政権内部での理念の整理もそもそも不充分。だから、高校現場や国民、何より高校生自身への説明さえほとんどないままの実施になってしまった。

制度創設に当たっての民主党政権の失敗は、国民にきちんと理念を説明せぬまま、無償にする恩恵を付与したといわんばかりの手柄《てがら》顔に終始したところにある。当事者である高校生にも高校教育を担当する教員にも、制度に込められた願いは伝わらないままだった。民主党の議員たちの中にも、それが分からないままの者が大半だったというのが実態である。

これは、一九九六年に実施された衆議院選挙小選挙区制や小泉純一郎政権の改革人気などにより、白か黒かの極端な政策選択と「スピーディーな」意思決定がマスコミや国民の支持を得るのだという思い込みが政治の世界に蔓延《まんえん》した結果だろう。民主党政権の高校授業料無償化も安倍政権の教育委員会制度改定も、国会での多数を恃《たの》んで押し切る、およそ熟議とは程遠いやり方だ。

私的会議で政策を決めるという身勝手さ

こんな調子では、専門家や当事者の意見をじっくり聴取して議論を深めることなど不可能だ。この傾向は第一次安倍政権のときからあった。さきにも触れたが、政権発足直後の二〇〇六年一〇月、文部科学省組織令に根拠を有する文部科学大臣の公式諮問機関であり、長らく教育議論の中枢だった中央教育審議会とは別に、首相の私的会議「教育再生会議」が閣議決定によって設けられ唐突に教育改革議論が開始される。

一七人の委員と共に首相、官房長官、文部科学大臣もメンバーに加わっているから、諮問機関ではなく、政策決定者である首相らのブレーン会議のようなものだ。それまで、首相直属の教育に関する会議は、中曽根康弘首相の臨時教育審議会が法律に基づく公式諮問機関、小渕恵三首相の教育改革国民会議が首相決裁による私的諮問機関というふうに諮問機関と位置付けられていたのだが、それとは性格がまったく違う。

臨時教育審議会の際には法律により国会承認で委員が選ばれたし、教育改革国民会議には教育学者の藤田英典東京大学教授（当時）のように政権とはまったく違う思想信条の委員も加えられていた。それに対し教育再生会議は首相の「お友達会議」と揶揄《やゆ》されるほど首相の考えに反しないメンバーで構成されている。教育を専門に研究している学者が一人もいないことも問題だった。

そして、設置されてわずか三ヶ月後に第一次報告、その四ヶ月後に第二次報告を慌ただしく出す。その後、安倍首相の「政権投げ出し」辞任で竜頭蛇尾《りゅうとうだび》に終わる。結局のところ、この会議によって新たに提案され現実に実施された政策は、教員免許更新制くらいのものだった。政権崩壊後、中央教育審議会での実務的検討に耐えるようなものは他になかった。第一次安倍政権の「教育再生」はかけ声ばかりの、無残な失敗に終わった。

その失敗のリターンマッチというわけか、第二次安倍政権は「教育再生実行会議」と敢えて「実行」の二文字を加えた会議をいち早く設置した。今度は文部科学大臣を「教育再生担当大臣」兼務にすることでスピードアップし、中央教育審議会にも有無を言わせず「実行」する体制を作った上での会議運営だ。

議論を盛んに行うのは結構なことだ。それを通じて多くの方々が教育に関心を持ってもらえればありがたい。しかし、その議論が教育現場の実態から遊離したものでは混乱を招いてしまう。「教育再生実行会議」の初期メンバー一五人のうち一一人は、初等中等教育や教育行政に関しては「素人」の企業人、教育専門以外の学者たちである。いや、安倍政権下の現在では中央教育審議会ですら、財界人など専門家以外の委員がやたらと目立つ。

そうした方々の主張は、ともすればご自身の受けた教育や親として接したわが子の学校教育体験にのみ基づいたものになりがちである。さもなければ、自身の会社経営や学問専門分野の知見を学校教育の場に当てはめるようになる。その結果、企業マネジメントが学校運営のお手本にされたり、買い物をするお店が選べるように学校も自由選択制にすべきだとの極論が飛び出したりする。また二〇一三年から一七年までの四年間は櫻井よしこ委員のように相当極端な歴史観、社会観を持ったお方もいて、ご自身の信条を披瀝《ひれき》することになる。

日教組が偏向教育をしているとか、運動会で順位をつけないとかの、一種の「都市伝説」めいたものまで含んで常に持ち出される「戦後教育の弊害」は、たしかに一時期において特定の地域で起きてはいたものの、それがいまでも全国的な問題として起こっているわけではないことは、広く全体を見渡している専門家なら誰でもわかっている。「ゆとり」教育で円周率を三にした、というのは首都圏の大手進学塾の巧みな宣伝に踊らされたデマに過ぎないし、学力低下論にも合理的な根拠はなく、唱える者の印象に基づいたものでしかない。いわゆるフェイク・ニュースの類いだ。こんなあやふやな根拠で学校批判をされたのではたまらないではないか。

「偉い人」の素人教育論は困ったもの

中曽根政権の臨時教育審議会は、「素人」の大胆な改革提言に専門家の反論を対置させて三年間みっちり揉んでいった。九〇年代に経済同友会などから起きた改革議論は、教育研究者や教育行政の側の意見を取り入れた上で大胆な提言を発していた。

中央教育審議会となると、もっと専門家を尊重していた。わたしは一九九九年から二〇〇二年までこの審議会の事務に携わっていたので、審議の様子を詳しく知っている。当時財界から参加していたのは、元日経連会長、元日本郵船社長の根本二郎委員だった。副会長の職にあった根本委員は、有馬朗人会長が任期途中で参議院議員になった後を受け一九九八年に会長に就任し、二〇〇一年まで二年半にわたって会長職に在任している。

この時期、わたしは中央教育審議会の事務局を担当していた大臣官房政策課の課長という職にあり、根本会長の謦咳《けいがい》に接していた。財界から初の会長ということで注目されていたが、根本会長は会議の席上では常に控えめな態度で運営に当たり、専門家である鳥居泰彦副会長や河合隼雄部会長、木村孟主査などの意見を尊重してまとめ役に徹した。自分は財界の人間で本来会長になるべき立場ではないのに、前会長の途中退任で後を引き受けることになってしまった、ゆえに私見は極力控えるべき、という断固たるお考えを再々伺ったものである。

しかし、運営の打ち合わせに日本郵船のお部屋を訪ねると教育論、文化論は止まることなく続き二時間くらいはあっという間に過ぎた。ご自身の旧制高校体験、大学での学びに始まり文学、絵画、歴史と話題は限りない。その教養の深さと幅の広さは、わたしなぞには話に付いていくだけで精一杯、いつも多くを学ばせていただいた。それほどの方でも、自分は素人という立ち位置を崩さなかったのである。

それがどうだ。近年では当然のごとく財界人が会長の座に就き滔々《とうとう》と私見を述べて憚《はばか》らない。そんな調子だから、財界人や首長、政治家が自らの身のほどを恥じることなく「教育に市場原理を導入しろ」とか「教育委員会制度を廃止しろ」とか「グローバル化を進めろ」とか、思いつきに近い暴論を声高に叫ぶ。その夜郎自大《やろうじだい》ぶりを見るにつけ昔の節度ある懐深い教育議論がなつかしくなる。

今や、専門家の意見は最初から「抵抗勢力」呼ばわりで捨象《しゃしょう》されてしまう。いじめも体罰も道徳教育も、専門家にはまるで対応能力がないかのように決めつけられ、外部からの人材を入れさえすれば解決するかのように印象づけられるのだ。

ただ、反省をこめて言うなら専門家側にも問題はあった。閉鎖性や隠蔽体質を厳に改めるべきは当然として、「素人にはわからない」と聞く耳を持たなかったり、現場の忙しさにすり替えたり、子どもがかわいそうとの感情論に訴えたりしていたのでは、教育には素人でも政治や経済など自身の専門分野では一流の方々に対する説得力はない。

専門家を自任するなら、長期にわたって教育現場の実態や制度の変遷を見てきた経験と、特定の層だけでなく障碍児、外国人、ＬＧＢＴなどを含めあらゆる状況の子どもを想定する広い視野を生かし、教育をよくする知恵を出していくべきではないだろうか。そこをしっかりと押さえていれば、「素人」の過激な意見にうろたえることなく、それに対し専門家らしい識見を示して現実的な対応に結びつけられるのではなかろうか。

ともあれ「素人」が跋扈《ばっこ》する状況は変わらない。とりわけ首長の素人教育論は困ったものだ。しかも、教育行政への関与強化が法律というお墨付きによって認められたのだから始末に負えない。学校経営への競争原理や民間企業手法の導入をはじめ、土曜授業強化による実質学校六日制への回帰指向、教科書選定や道徳教育への政治的影響力行使など、さまざまな首長の思いつきが各地で施策化しそうだ。

わたしたち自身がどんな未来を選択するか

本来必要なのは、足を地に付けた冷静な議論である。現行教育制度の良い点を認めてそれを伸ばし、どこが問題かを感情論でなく整理してそこを改善する。この作業を各地域、各学校で住民の意見を生かしながら行えばいい。この当たり前のことが見えなくなるから「流れ」は怖ろしいのだ。

こんな「流れ」がある時代だからこそ、教育の在り方についてもわれわれ国民皆が深く考え、意思を表明する必要がある。ただそのとき、意思表明したわれわれは言いっぱなしではなく、新しい制度の枠組みの中であっても、自ら行動する気概を持ちたいものだ。なにも難しいことではない。新しい教育委員会制度による教育行政を注視し、不十分な点があればそれを指摘する。首長をはじめ地方公共団体の公務員は住民全体の奉仕者であり、彼らが行う仕事をチェックするのは主権者たる国民として当然の権利である。

土曜授業の在り方もそうだ。土曜を月曜から金曜までと同じ授業日にする二〇年前の決まりに戻すのか、地域で学習の場を作って、学びたい子どもが自ら選んで興味関心のある分野に思う存分取り組んだり、不得手な分野を克服したりできる日にするのか。後者を望むのなら、この学習の場に対し自らのできることをできる範囲で協力する心意気があっていいではないか。

第一次安倍政権の「教育再生会議」が提言したものの、中央教育審議会の慎重論で見送られた道徳の教科化も、第二次安倍政権になるとすぐに実施が決定してしまった。道徳を教科にすれば子どもたちの道徳心（政権にとって都合が良い種類の）が高まるという単純な発想は、授業時間を増やせば学力が上がるという考え方と同じく、典型的な素人考えである。だがそれが決まってしまったのなら、ただ反対を唱えるのでなく、子どもの心を育むために自分たちが家庭や地域で何ができるかを考えてみよう。

マスコミが世論を代表する時代は終わった。新たな世論は、ネット等の媒体をも使いながらひとりひとりが発信し、またそれだけでなく、自身の意見の実現に向けて可能な限り力を尽くす覚悟を表明することとセットであるべきではないだろうか。

「お任せ民主主義」から「参加型民主主義」へ。「新しい公共」とはそうやって作り出されるのではないか。教育に関する議論も、ぜひそうありたいと思う。「素人」の政治家が暴走しようと、最後はわたしたちの選択が歴史を作っていくのである。

安倍政権がいくら経済成長を叫び、「強い日本を取り戻そう」などと虚勢を張っても、リーマンショック、東日本大震災、原発事故、さらには熊本の大地震を体験し、二〇四〇年には約半数の市町村が「消滅」するとか、二一〇〇年には人口が五千万人台にまで減少するとかの急激な人口減と少子高齢化を目の前にして、そんな言葉は心に響かない。わたしたち自身が未来のためにどんな教育を選択するか決する時なのだ。

国民が政治家に養われているわけではない、その逆だ

高校授業料無償化見直し、教育委員会制度改革、道徳の教科化だけでなく、安倍政権は憲法違反の疑いさえある乱暴な施策を、国会での多数を背景に連発してきた。

二〇一四年には、これまで学習指導要領改定時にそれに伴って改定されてきた教科書検定の基準を、指導要領は変わっていないのにもかかわらず変えるという、異例の形で改定している。内

容は、①政府の統一見解や確定した判例がある場合は、それに基づいた記述がされていること②近現代の歴史的な事柄のうち、学術的な通説が定まっていない場合はその旨を明記し、生徒が誤解しないようにすること であり、これに反すると不合格になる。さらに、審査要項で「愛国心などを盛り込んだ教育基本法の目標に照らして重大な欠陥があると判断された場合、不合格にする」とした。これは、憲法21条の表現の自由を脅かす恐れさえある。

二〇一五年には、当時の下村文科相が国立大学に対する、卒業式・入学式での国旗掲揚・国歌斉唱を求める要請を行った。戦前ならともかく、大学の自治が当然のこととなったはずの時代には考えられないことである。発端は安倍首相の国会答弁だった。首相は「税金でまかなわれていることを鑑みれば、新教育基本法の方針にのっとって正しく実施されるべきではないか」と答え、続いての質問に下村文科相が「各大学で適切な対応が取られるよう要請したい」と述べている。

憲法23条には「学問の自由は、これを保障する」とあり、これによって大学の自治が保障されると解されてきた。だからこそ、安倍第一次内閣が改定した教育基本法でさえ、七条二項で「大学については、自主性、自律性その他の大学における教育及び研究の特性が尊重されなければならない」と定めている。

国旗・国歌法や学習指導要領によって法的根拠のある小中高等学校における実施と、学問の自由が保障される大学の場合とは根本的に違いがあるはずなのに、その大事なところがすっ飛んでしまっている。また、国立大学は運営費の約半分が授業料などの自己収入によっており、決して税金丸抱えではない。国費が一部投入されているだけで「税金でまかなわれている」とするのなら、国や自治体の補助金を受けているあらゆる施設や団体は国旗掲揚・国歌斉唱を励行しなければならないという理屈になりかねないし、生活保護などの社会保障を受けている人や家庭も同様となるかもしれない。おかしな話だ。納税者によって国家制度や役人、政治家の生活が支えられているのであって、国家や政治家がお金を造ってばらまいてくれているわけではない。

だが、憲法解釈すら自由自在の内閣としては、自分たちの考え方を押しつけるのに躊躇《ちゅうちょ》などないのだろう。介入ではなくお願いなのだと言い訳すれば通ると高をくくっている。実施状況調査は「今のところ考えていない」として国が交付する運営予算面で圧力をかける疑いを否定しているものの、数が多いため全国調査する必要のある小中高等学校と違いたったの八六校、しかも毎回地元でニュースになる注目のイベントなのだから、わざわざ調査しなくともすぐにわかる。

事実、二〇一六年春の卒業式、入学式では一五の大学が従来のやり方を変え、何らかの形で文科相の「要請」に応えたと、同年五月一日付毎日新聞が報じていた。

ものごとが、なぜそうなって来たのかを知る

しかし、何から何までが政権の思いのままというわけではない。同じく国立大学関係で二〇一五年六月に文部科学省が国立大学法人に対して出した文系の改組を要求する大臣通知は

「国立大学から文系がなくなる？」という騒ぎになり大きな波紋を呼んだ。当の国立大学はもちろん世論は一斉に反対の声をあげ、あまりの反響の烈しさに下村文科相は事務方の表現ミスであって文系廃止は事実無根と必死で釈明した。ご自分の名で出した通達のキモの部分をきちんと読んでいなかったなんてあり得ないだろう。そもそも、「綸言《りんげん》汗の如し」という言葉をご存知なのだろうか？

また、ここへ来て相矛盾するような文教施策が目立っている。

たとえば教育委員会制度の改革では、教育委員会に対する首長の関与権限が大幅に強化された。首長のトップダウン的手法で、何ごとも決めようとする流れである。ところが一方で「教育再生実行会議」は、全ての小中学校を住民が直接運営に参加するコミュニティスクール（地域運営学校）にするという提言を出した。保護者や地域住民などから構成される学校運営協議会が、学校運営の基本方針を承認したり、教育活動などについて意見を述べたり、教職員の人事に関して意見具申したりするなど運営の在り方に大きく関与する制度である。

その考え方では、たとえば全国一斉学力テストの順位にこだわる川勝静岡県知事のような人が、自らの権限を利用して学力テスト対策の特訓を実施させようとしても、各学校が実施するかどうかは地域住民自身が決定できることになる。子どもの学力向上とは本質的に無縁の、順位を上げるためのその場しのぎのテスト対策より、基礎学力や考える力をつけるための授業の充実を望む学校運営協議会が多いに違いない。その場合、知事は住民と対決するのだろうか。

「素人」教育論を振り回す首長と、自らの意思を学校運営に反映させようという住民の、どちらにもいい顔をしようとする施策を両立させるのは明らかに無理がある。だからこそ、そこを実情に応じ調整するために教育委員会制度があったはずだったのだ。

ものごとが、なぜそうなっているか、そうなって来たかを知ろうとしない「言論」を行っても、何も解決しないのだ。新聞でさえ、もはや目の前の現象しか見ていない感が強い。

二〇一六年五月一〇日、《文科相が「脱ゆとり宣言」次期学習指導要領で明確化》（産経ニュース）、《馳文科相「ゆとり教育と明確に決別」確認文書を発表》（朝日新聞）、といった見出しのニュースが一斉に流れた。当時の馳浩文部科学大臣が「ゆとり教育との決別」を宣言したとの解釈である。相変わらず分かっていないな、と思う。

馳大臣は「脱ゆとり宣言」をしたわけではない。たしかに、同日の定例記者会見での大臣の発言の中には「ゆとり教育との決別宣言」という言葉が出ている。だが、記者から意図を問われて答えた実際の発言は以下の通りなのである。少々長いが、この問題の本質を正しく理解してもらうために全文引用したい。

そうですね、私、大臣を拝命してちょうど七ヶ月くらいになると思います。どこかで、ゆとり教育との決別宣言を明確にしておきたいと思っていました。もちろん全否定ではありません。しかし、私はゆとり教育がゆるみ教育と、間違った解釈で現場に浸透してしまったのではないかという危惧と、そういう現場の声を矢がつきささるほど、たくさんいただいてまいりました。これまで国会議員として二一年間、文教族議員の一員としてやってきた者として、本来目指されていたゆとり教育と、本質的なものが現場では違っていたというじくじたる思いがありますというのが一点目です。

同時に、学習指導要領の改訂を控えています。学習内容をどうするのか。アクティブ・ラーニングをどうするのか。そのような意味での教育の質と量の問題、学力をどう評価していくのか、学力とはなんぞやという問題も含めて、目指すべき教育の方向性を明確にすべきであろうと、前々から思っておりましたが、タイミング的にはこのタイミングかなと。理由を申し上げれば、まず中央教育審議会の答申を三つ、昨年末にいただきまして、今年に入りまして、いわゆる学校と地域の協働プラン、通常、馳プランと言っておりますが、発表させていただき、法改正の準備もしています。いつでも出せる準備もしています。

学習指導要領の改訂を踏まえて、次の改訂で学習内容がどうなるのか、質と量の問題について、やはり現場からどうなるのかという疑心暗鬼もいただいている中で、安倍政権が政権を奪還して、もう四年目に入りますが、安定したこの政権の下であればこそ、このような教育の方針についても、しっかりと打ち出していくことができますし、私自身も大臣として七ヶ月です。ちょうど、様々な答申やそれに伴う対応やいろいろな反響の声もいただきながら、タイミング的には今のタイミングだなと。国会もまだ一ヶ月はありませんが、残っていますし、国会のあるうちに、きちんと表明したいと思っていましたので、このタイミングであります。

馳大臣も、記者会見でのやりとり上の便宜を計って「ゆとり」教育としたのだろう。それを「脱ゆとり宣言」「明確に決別」だ。この本でずっと指摘してきた、誤解の根源、一知半解が、報道という重要な職務である新聞記者にしてからまったく正されていない。

これまで縷々《るる》述べてきた臨時教育審議会以来の指導要領の変遷を、「国会議員として二一年間、文教族議員の一員としてやってきた」馳大臣がご存知ないわけがない。大臣就任以前にも二〇〇三年から〇四年に政務官、〇五年から〇六年に副大臣を務めた生粋の文教族なのである。とりわけ、二〇〇二年指導要領の方向を定めた一九九六年の中央教育審議会答申以来の経緯は細密にご承知のはずだ。

「私はゆとり教育がゆるみ教育と、間違った解釈で現場に浸透してしまったのではないかという危惧と、そういう現場の声を矢がつきささるほど、たくさんいただいてまいりました」との発言は、〇二年指導要領が〈量〉の減としてのみ受け止められてしまったことを指しており、「本来目指されていたゆとり教育と、本質的なものが現場では違っていたというじくじたる思いがあります」は〈質〉の問題が閑却されてしまった点を指しているものと思われる。

そもそもこの記者との問答は、馳大臣が会見当日付けの文書で出した文部科学大臣メッセージ「教育の強靱化に向けて」(http://www.mext.go.jp/b_menu/houdou/28/05/1370648.htm) の意図を問う形で行われている。会見の時点ではまだ公表されていなかったこの文書を見るのが大臣の真意を知るのに最も早道だろう。

冒頭、「今後の学校教育の充実に不可欠な『学習指導要領改訂』と『次世代の学校・地域創生の実現』の一体的な推進のためにこの夏に向けて取り組んでいく当面の重点事項を掲げました」とあるように、二〇二〇年度実施を目指す次期指導要領の方向と、①学校の指導体制の充実②教員の質の向上③チーム学校の実現④「地域とともにある学校」への転換という学校の在り方について述べている。

中でも強調されているのが「学習指導要領改訂のポイント」だ。特に、朱書きを交えて大きく掲示されている二点が重要視されているのは明白である。

《「ゆとり」教育か「詰め込み教育」かといった、二項対立的な議論には戻らない。知識と思考力の双方をバランスよく、確実に育むという基本を踏襲し、学習内容の削減を行うことはしない。》

《「アクティブ・ラーニング」の視点は、知識が生きて働くものとして習得され、必要な力が身につくことを目指すもの。知識の量を削減せず、質の高い理解を図るための学習過程の質的改善を行う。》

ここから朱書きの部分だけを抜き出すと、大臣の真意はもっと端的に示される。

《二項対立的な議論には戻らない》《学習内容の削減を行うことはしない》《「アクティブ・ラーニング」》《知識が生きて働くものとして習得》《学習過程の質的改善》

端的にキーワードとして掲げられている後の二点が目玉となるわけだろう。いずれも臨時教育審議会が提言し、〇二年指導要領が目指しながらも達成には及ばなかった、個別化教育と能動的学習という〈質〉の転換に関わるものである。大臣が重視しているのは〈質〉の問題であることが判るはずだ。

ただ、二一年にわたりこの間の経緯を目の当たりにしてきた大臣は、〈量〉にこだわる考え方の根深さも重々承知しているに違いない。そこで、後三点の〈目標〉を実現するための〈手段〉として前提となる二点を挙げたのだろう。〈量〉の増減という二項対立を封印するために、学習内容をこれ以上削減しないと宣言してみせたのである。役人には思いつかない政治的アイデアだと思う。二〇二〇年に実施される新たな指導要領で、これまでそこを目指しながら達成できなかった〈質〉の転換、すなわち画一一辺倒からの転換と能動的学習の一般化が可能なのではないかと十分期待させるだけの有力な戦略が示されたと評価したい。

「ゆとり」教育批判を浴びた二〇〇二年の時点では、学習内容を削減せずに〈質〉の転換を図るだけの条件が整備されていなかった。それが二〇二〇年には可能だと、当時担当したわたしでもそう思えるほど、学校の教育条件は改善されている。〇二年から現在までの間にも、一クラス当たりの児童生徒数は減り、教員の配置基準も緩和され、教育現場での不毛なイデオロギー対立も解消されてきた。学校は地域に開かれたものになり、住民が学校ボランティアとして学校教育を支える体制も年々充実してきている。

教員の多忙や疲労を問題視する向きもあるが、教員だけに学校教育を全部背負い込ませていた状況は少なくとも以前より改善されている。もちろん、いわれなき教員バッシングなどにより精神的に追い込まれたり、過去にはなかった生徒指導上の問題や事務処理が負担になっていることも事実だ。それらは、馳大臣メッセージのもうひとつのテーマである①学校の指導体制の充実②教員の質の向上③チーム学校の実現④「地域とともにある学校」への転換によって二〇二〇年までに解決する覚悟が示されているとわたしは見た。

二〇〇二年の学習指導要領に関わった者として、わたしは、教育の〈質〉と〈量〉の問題について世の中の理解に混乱が生じたという批判は甘んじて受ける。だが、条件がすべて整うまで〈質〉を転換しようとする方向性を示さず、今日まで画一一辺倒の教育を続けていたらどうなっていただろうか。

教育の成果が表れるまでには時間がかかる。二〇〇二年に小学校に入った子どもが大学まで進んだとすると、社会に出るのは二〇一八年だ。家庭を持ち子育てをしながら社会を支える年代になるには、さらに年月を要する。そのことを考えると、急激な少子高齢化という厳しい状況に対処したり、従来の知識では対応できなくなると思われるＡＩ、ロボットの進歩などの変化に対応するのには、それがはっきりしてから教育のあり方を変えるというのでは、間に合わなかったはずだと思う。ちなみに、二〇二〇年に小学校に入った子どもが、社会に出るのは二〇三六年ごろということになる。二〇二〇年における教育は、二〇三六年ごろのことを見越して行うことを試みなければならないのだ。

二〇〇二年指導要領世代で言うと、その眼目である能動的学習を小学校の一、二年生で「生活科」それ以後は「総合的な学習の時間」という形で経験しているのは二〇〇〇年に小学校に入学した以降の世代であり、一九九三年四月生まれより年齢が下になる。先頭が現在二二〜二三歳の大卒新社会人に当たる。

変化を広く捉えて一九九二年指導要領の「生活科」や中学校の選択教科を体験した世代とするならば、九二年に小学校に入学した八五年四月生まれより下、先頭は現在三〇〜三一歳ということになる。

変わるべき部分は、実はほんとうに変わりつつある

仮にマスコミ報道が正しいとすると、第一次安倍政権の時代から脱「ゆとり」教育を標榜してきたはずの文科省の学力向上一辺倒路線にも、明らかに変調が感じられる。テスト対応の暗記型学力に針を振り戻しておきながら、今度は二〇二〇年からの大学入試改革を大々的に打ち出し、知識偏重の一点刻みの点数重視入試はダメで人間力を多面的、総合的に判断しろと言い出している。

また、キャリア教育やアクティブ・ラーニングを強調し始めているのも脱「ゆとり」とは相容

れない。文部科学省ホームページによると、「今、子どもたちには、将来、社会的・職業的に自立し、社会の中で自分の役割を果たしながら、自分らしい生き方を実現するための力が求められている」との認識に立ち「日々の教育活動を展開する」とされるキャリア教育の定義は、「ゆとり」教育が掲げた「生きる力」の育成とまったく同義だし、アクティブ・ラーニングは「ゆとり」教育の主柱だった総合的な学習の時間がすでに目指してきたものだ。その後、一七年八月に二〇二〇年からの小学校新指導要領が発表された際、アクティブ・ラーニングは、日本語で「主体的・対話的で深い学び」と公的に示された。まさに、「ゆとり」教育の目指したものと同じである。

もちろん、わたしは入試改革にもキャリア教育にもアクティブ・ラーニングにも賛成だ。でも、脱「ゆとり」と旗を振っておきながら結局こうなるのでは、ひきずり回された学校現場はたまるまい。政権側は自分たちのメンツを守るために、やっぱり「ゆとり」教育が必要だったとは口が裂けても言えないのだろうが、それでもいいから現場の教員たちだけにはこれから真に求められる教育は何かをきちんと説明してほしい。

未来を生きる子どもたちにとって必要な力は何か、今の大人のメンツなど抜きに真剣に考えたいものだ。「将来、社会的・職業的に自立し、社会の中で自分の役割を果たしながら、自分らしい生き方を実現するための力」が必要なのは当然だし、アクティブ・ラーニングには「ゆとり」教育が目指した「学ぶ意欲」と「自ら学び自ら考える力」も欠かせないはずだ。

二〇一〇年代に入り、震災や原発事故を目の当たりにするにつけ、もはや経済成長の夢を追いかけている場合ではないと、多くの人々が考えるようになってきている。その気配を、政権も感じ取ってはいるのだろう。それが教育政策にも部分的に反映され、大学入試改革案や、キャリア教育やアクティブ・ラーニングの推奨という形で表れている。

二〇一四年頃まで、安倍政権下の文科省は第一次、第二次を通じ「いつでも、どこでも、だれでも学べる」生涯学習社会へ進む方向、すなわち「ゆとり」教育の目指す方向とは逆の施策ばかり推進してきた。それが最近では、わたしも驚くような生涯学習的政策を打ち出すことが珍しくなくなっている。

フリースクールを公認し何らかの公的支援を検討する「義務教育の段階における普通教育に相当する教育機会の確保等に関する法律案」（通称「フリースクール法」）が二〇一六年に成立したことなど、その内容には一部のフリースクール関係者から異論が出ているものであるとはいえ、これまでの正規の学校でなければ認めない姿勢からすれば驚きの展開だ。

選挙目当ての匂いはするものの、子どもの貧困に対応して給付型奨学金の創設が実現したのも、「いつでも、どこでも、だれでも学べる」社会へ近づく一助になる。また、半数近い市町村が「消滅」するというショッキングな指摘に促され、にわかに政府の重要課題となった「地方創生」は、これまでの「東京へ出ていく者が勝者」という中央集権的競争の図式を見直し、地方で暮らし生涯学習や「共生」を楽しむ生き方をクローズアップさせようとしている。いくら強力な政権でも、多くの国民が要求するものを無視するわけにはいかないのだろう。また、文科省の中の心ある官僚が、政権には見えていない世の中の実際を、政策に載せようとしている側面もあるはずだ。

ただ、いずれにしても、この政権の教育政策は場当たり的で理念がない。中曽根政権の臨時教育審議会答申が生涯学習社会という雄大な理念を背景にしていたのとは大違いだ。

今年生まれた子どもは、現在の平均寿命まで生きれば二二世紀を迎える。寿命はもっと延びていくと予測されているから、今の小学生や中学生、いや高校生だって、二二世紀まで生きられそうだ。人口が五千万人台になり超高齢化社会となっているはずのその時期まで見据えて、これからの教育の在り方を考えていかなければならない。できるだけ速やかに生涯学習社会を実現させるべきなのはもちろん、はっきりした理念に基づくダイナミックな政策立案が必要である。

第一には、格差や貧困が子どもの教育を阻害しないような教育財政政策を考えなければならない。生活保護、就学援助、授業料無償、学級定数改善、奨学金、私学助成、国立大学への交付金といった個別の制度をどう運用するかの局地的論議ではもはや追いつかない。大学卒業年齢までの教育費をすべて無料にして、親や子ども自身でなく社会が子どもの教育に責任を持つというくらいの大胆な政策が論議されるべきだと思う。もちろん財源の問題があるから、ことは教育政策だけの話でなくなる。税制や福祉政策との兼ね合いまで考慮する必要のある、国のかたちにまで及ぶ問題だ。

第二には、高等教育をどのように用意するかの政策が求められている。国立大学、公立大学、私立大学、高等専門学校、専修学校など形態ごとに財政措置を考えるのでなく、国全体の高等教育費をどの程度に設定し、それをどう配分していくかの全体議論がこれまでほとんど行われてこなかった。留学生や研究分野調整について、外国の高等教育機関とどう役割分担するか、途上国の高等教育需要にわが国がどれくらい貢献するかといった世界的見地にも立たなければならない。

この二つの大議論は、安倍政権の「改革」のように拙速な議論ではなく、十分に腰を据えて行われなければならない。ただ、一方で教育制度の構造を変えることなくすぐに実現できる方策は思い切って取り入れてはどうか。

それは、放送大学の無償化である。あらゆる人に高等教育の機会を提供する第一歩として、放送大学の学費を無償化してはどうだろうか。テレビ、ラジオの放送を使って「いつでも、誰でも、どこでも学べる」大学として開学したのが一九八三年、当時は「文教行政最後のロマン」と称され、学生百万人を目指す壮大な計画だった。しかし現在の学生数はその一割にも満たず、創設時や全国化の際に文部省でこれを担当した者として残念でならない。

だって、内容は充実しているのだ。一般科目、専門科目合わせて三七三もの科目を開設し、学士号を取得できるれっきとした高等教育機関である。対面式ではないとはいえ、質の高い授業が揃っており、各種資格取得にも使える。目的に応じて在学期間や取得単位を選択できるなど、柔軟性も高い。また今ではテレビ、ラジオの放送だけでなく、インターネットを通して二四時間随意に視聴可能だ。

それでいて、当然のことながら授業料は安い。通学制で最も低額の国立大学でも、入学金と授業料で卒業までに二四二万円余りかかるのに対し、放送大学なら七〇万円余りで済む。仮に一八歳全員が入学したとしても、年間八千億円程度の予算で対応可能な計算だ。自費負担で通学制を選ぶ者も多いだろうから、実際はもっと少なくなる。これなら財政的にも工夫次第で対応可能だろうし、年額でなく履修科目に応じての授業料だから必ず勉学に結びつくわけで、納税者の理解も得やすい。

もちろん将来的には、ぜひ通学制も含めた無償化を検討してもらいたい。だが、今すぐにでも大学で学びたいが経済的に恵まれていない若者を救うには、当面放送大学を無償化することが有効だと思うのである。と同時に、高等教育を受けられるセーフティーネットが用意されるのは、国民全体に学びへの意欲をかきたてる効果を生むに違いない。これで一応、小学校から大学まで授業料無償で学ぶことができる生涯学習の道筋ができるのだから。

教育とは、そもそも種まきだった

「教育再生」などと小さなことをチマチマやっているのではなく、未来につながる本質的な大問題に立ち向かう政権が誕生しないものか。いや、残念ながら今の政治家には無理だろう。だとすれば、われわれ国民の間で熟議の場を作っていかなければならないことになる。無理だと思われるかもしれない。だが、最近高校生や大学生の中に教育に関心を持つ若者が多くなっている。彼らと議論していると、当然ながら未来は自分たちの問題だと考え、当事者意識を持っているのに感心する。

今の大人には無理でも、若者たちが大人になり社会的責任を有する年代になったとき、そうした議論が可能になるのではないか。そうした期待を抱いて、今のわたしは種まきをしているところなのである。全国高校生一〇〇人委員会、高校生未来会議、高校生教育再生会議、カタリバ大学……そうした場で高校生や大学生に教育議論の経験を積んでもらうために走り回っている。

未来を信じて。

あとがき

「行政が歪められた」と前川喜平前文部科学事務次官は告発した。

加計学園問題である。「国家戦略特区」という制度が、まるで最初から「加計学園」ありきと見えるように恣意的に運用されてしまった。本来国民全体のためになるように設定されなければならない特区が、特定の学園のために用いられているとしか思えない。

しかも、やり方の強引なこと。獣医学部新設に対する規制を必要と考えてきた農林水産省にはろくに意見も聞かず、意見を出した文部科学省には問答無用と言わんばかりの強圧的な姿勢で承認を迫る。結局、閣議決定された特区認定のための四条件をクリアしているかどうかを精査することもなしに特区申請を認可してしまった。圧倒的な力を持つ政権による政治主導だからいいじゃないか、との極めて乱暴な論理しかそこにはない。

さらに、特区認可に際して「平成三〇年四月開学」との文言が加えられたために、あたかも平成二九年度中に行われる文部科学省の大学設置・学校法人審議会における審査が合格を前提とされているかのような形になってしまっている。本来厳正かつ公正に行われなければならぬ大学の設置認可が、最初から合格を前提に進められるなどあり得べからざる事態だ。

これを「行政が歪められた」と言わずしておられないのは、ひとり前川前次官だけではあるまい。文部行政に関わる多くの文部科学省職員がそう見ているだろうし、もちろんわたしもそう思う。

民主主義は、三権分立の上に成り立っている。小学校でも教えるイロハのイだ。ところが最近、民主主義は選挙による多数決だと嘯く政治家が次々登場し、ポピュリズム的人気を博するために「立法（政治家）」が「行政」より優越するとの誤解が生じてきている。小泉純一郎政権、大阪の橋下徹知事、市長、民主党政権、そして第二次安倍晋三政権さらには小池百合子東京都知事と選挙で圧倒的に勝利した政治家たちが、「役人叩き」や「政治主導」をスローガンに掲げて「行政」つまり公務員を支配しようとしてきた。

しかし実は、三権分立の原則からすれば「行政」は「立法」に対し正当な主張をすることができるはずだ。最近の政治家たちは、自分たちは選挙で選ばれているのにお前たち役人は違う、と威張るがそれは違う。憲法15条第1項には「公務員を選定し、及びこれを罷免することは国民固有の権利である」と明記されているではないか。選挙で選ばれる公務員（政治家）だけでなく、国家公務員、公立学校の教師を含む地方公務員も資格や試験という法に定められた公的採用によって国民から選ばれているのである。そして「全体の奉仕者（公僕）」として、公務員法に基づき、政治的行為の制限や労働基準法の適用除外など、憲法に定められた基本的人権の制限を受けつつ仕事に当たっている。決して政治家だけが「選ばれし公務員」ではない。

たしかに、過去にあった「行き過ぎた官僚主導」は反省され正されなければならない。しかし、「行政が歪められ」るような「行き過ぎた政治主導」も由々しき問題である。「立法（政治家）」と「司法」「行政」がそれぞれ独立した権限を持って互いに補い合い、チェックし合い、場合によっては監視し合う。それこそが三権分立というものだろう。

ましてや教育行政の場合は、教育基本法によってさらに独立性を付与されている。旧教育基本法では、第10条（教育行政）として、次のように規定されていた。

第1項　教育は、不当な支配に服することなく、国民全体に対し直接に責任を負って行われるべきものである。

第2項　教育行政は、この自覚のもとに、教育の目的を遂行するに必要な諸条件の整備確立を目標として行われなければならない。

「国民全体に対し直接に責任を負って行われるべきもの」ということから、三権分立に加えた「第四権」とする解釈さえあったほどである。

○七年に第一次安倍政権によって改正された現教育基本法では「国民全体に対し直接に責任を

負って行われるべきもの」という箇所が消えているので「第四権」論は成り立たないものの、第16条（教育行政）は、こう定められている。

第1項　教育は、不当な支配に服することなく、この法律及び他の法律の定めるところにより行われるべきものであり、教育行政は、国と地方公共団体との適切な役割分担及び相互の協力の下、公正かつ適正に行われなければならない。

第2項　国は、全国的な教育の機会均等と教育水準の維持向上を図るため、教育に関する施策を総合的に策定し、実施しなければならない。

第3項　地方公共団体は、その地域における教育の振興を図るため、その実情に応じた教育に関する施策を策定し、実施しなければならない。

第4項　国及び地方公共団体は、教育が円滑かつ継続的に実施されるよう、必要な財政上の措置を講じなければならない。

第1項で、教育行政は「公正かつ適正に行われなければならない」とされている。だが果たして今回の加計学園問題、「公正かつ適正に行われ」ていると言えるだろうか。安倍政権（第一次）が改正した教育基本法を、他ならぬ安倍政権（第二次）が踏みにじっているのではなかろうか。

ところで、現場の教員の皆さんはそんな意識がないかもしれないが、公立学校の教員はすべて公務員であり、子どもに教育を施すという「行政行為」に従事している。行政学の視点からいうと、公立学校の教員は三権のうち「行政」に属し、公務員として教育行政という分野に従事する立場にある。

地方公共団体において教育行政を管轄するのは教育委員会であり、知事や市町村長といったいわゆる首長は管轄権を持たない。これは、首長の教育に対する権限を強めたとされる二〇一五年四月から施行された改正後の地方教育行政の組織及び運営に関する法律（地方教育行政法）においても変わっていない。文部科学省による解説でも、「政治的中立性、継続性・安定性を確保するため、教育委員会を引き続き執行機関とし、職務権限は従来どおりとする」と明記されている。

しかしながら、そこをきちんと理解していない首長や地方議員も多く、国の場合における加計学園問題と同じように、首長や議会が教育行政を歪めるような動きに出る例が各地で見受けられる。全国一斉学力テストの順位を上げるべし、と事前準備を要求する首長など「不当な介入」の最たるものだ。にもかかわらず、そうした要求が学校現場を困惑させている話をよく耳にするし、実際事前準備をせざるを得なくなっている地域も広がっていく一方だ。

前川前次官が「行政が歪められた」と声をあげたのは、単に加計学園問題だけを指すのではない。あらゆる公立学校における教育という重要な行政行為が「歪められ」てはならないと警鐘を鳴らした意味もあるのだ。

折しも、二〇二〇年からの次期学習指導要領導入が近づいている。文部科学省によってそこに掲げられた「主体的・対話的で深い学び（アクティブ・ラーニング）」の実現に反対し、目先のテストの点数を上げる「受け身で競争的で浅い学び」を要求する首長や議員も多数出てくるだろう。

いや、それより先に、二〇一八年度から「特別な教科」となる道徳について、文部科学省の唱える「考え議論する道徳」なんてまどろっこしいやり方でなく、教育勅語のように徳目を叩き込めとの動きも政治家たちの間から出てきそうだ。実際、文部科学省が「公正かつ適正に」検定した社会科教科書に対して、あれを使うな、これを使え、といった「不当な介入」が既に始まっている。

今回、前川前次官が提起した「行政」なかんずく「教育行政」が「公正かつ適正に行われなければならない」との問題意識は極めて重要なのである。

協力　堀切 和雅

〔著者〕寺脇 研（てらわき・けん）京都造形芸術大学教授。1952年、福岡県生まれ。東京大学法学部卒業。75年、キャリア官僚として文部省に入省。在任中は生涯学習政策、「ゆとり」教育等を推進。メディアでは「ミスター文部省」と呼ばれた。映画評論家としても活躍。著書『韓国映画ベスト100』（朝日新書、2007年）、『「官僚」がよくわかる本』（アスコムBOOKS、2010年）、『「学ぶ力」を取り戻す 教育権から学習権へ』（慶應義塾大学出版会、2013年）、『文部科学省 「三流官庁」の知られざる素顔』（中公新書ラクレ、2013年）、『これからの日本、これからの教育』（前川喜平と共著 ちくま新書、2017年）ほか

国家の教育支配がすすむ
――〈ミスター文部省〉に見えること

2017年11月10日　第1刷発行

著　者　寺脇　研
発行者　辻　一三
発行所　株式会社青灯社
東京都新宿区新宿 1－4－13
郵便番号 160－0022
電話 03－5368－6923（編集）
　　 03－5368－6550（販売）
URL http://www.seitosha-p.co.jp
振替　00120－8－260856

印刷・製本　モリモト印刷株式会社

Printed in Japan
ISBN978－4－86228－097－8 C0037

小社ロゴは、田中恭吉「ろうそく」（和歌山県立近代美術館所蔵）をもとに、菊地信義氏が作成